传承经典 融入现代

吴松岳 丙戌年初春

●本书献给关心、支持杭州老字号发展的社会各界人士●

◎杭州老字号系列丛书◎

□宋宪章 著 □杭州老字号企业协会 □杭州老字号丛书编辑委员会

美食篇

□丛书主编 吴德隆

浙江大学出版社

ZHEJIANG UNIVERSITY PRESS

序　言

"**东**南形胜，三吴都会，钱塘自古繁华。" 杭州有8000年前的跨湖桥文化、2200多年的建城历史，是国务院首批命名的国家历史文化名城，也是"中国七大古都之一"。

在杭州城市的发展演进中，有一批与这座城市水乳交融、不可分割的历史文化遗产，有一群演绎了一段段美丽动人、可歌可泣传奇故事的知名自主品牌，这就是"老字号"。这些有着几十年甚至上百年历史的"老字号"，蕴涵着丰富的文化积淀，承载着厚重的历史传统。它们在历史长河、传统文化的孕育和洗礼中生成、发展、传承、创新，谱写着开拓者筚路蓝缕的创业诗篇，演奏着承继者与时俱进的创新乐章，诠释着先贤达人诚信公平的经营之道。它们是杭州这座城市的"胎记"和"名片"，也是杭州这座城市的"根"与"魂"。

"老字号"是经济和文化的结晶。它们既具有经济价值，更具有文化价值。"江南药王"胡庆余堂、"剪刀之冠"张小泉、"杭菜一绝"楼外楼、"闻香下马"知味观……一家家"老字号"，凭借别具一格的绝活技艺、独树一帜的经营理念，打造了经久不衰的名店名号，成为杭州工商业发展史的参与者和见证者。与此同时，这些"老字号"又以其悠久的历史、厚重的文化承担起历史文化承载者和体现者的使命，成为杭州地域特色及文化传统的表征与注脚。如果从历史和文化演进的时空背景来衡量"老字号"，它们本质上是一种文化形态，是江南地域文化在杭州工商业领域的经典范例和有形载体。

"老字号"是传承与创新的典范。传承谋生存，创新图发展，是"老字号"永续经营、青春永驻的成功秘诀。在杭州，"老字号"凤凰涅磐般与时俱进、重获新生的故事不胜枚举：胡庆余堂传承人冯根生禀承祖辈诚信之遗训谱就"戒欺"新篇章；"王星记扇子"承继百载依旧清风播翰香；"楼外楼"、"知味观"以其传承与创新的完美结合门庭若如市、闻香竞停车……

"老字号"既是一份厚重的物质文化遗产和非物质文化遗产，也是一份宝贵的文化传统和精神财富。传承"老字号"的传统技艺，保护"老字号"的金字招牌，弘扬"老字号"的特色文化，推动"老字号"的创新发展，杭州市委、市政府责无旁贷，当代杭州人责无旁贷。《杭州老字号系列丛书》向我们全面展示了杭州的百年品牌、商业文化和人文风情，向我们讲述了一个个创业创新的感人故事，也使我们进一步增强了保护好、传承好、发展好杭州"老字号"的责任感和紧迫感。我们一定要下最大决心、花最大力气、出最优政策，把杭州"老字号"保护好、传承好、发展好，使之真正成为城市的"金名片"、人民的"摇钱树"。

是为序。

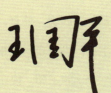

2008年2月26日于杭州

王国平　现任中国共产党浙江省委员会常委，中国共产党杭州市委员会书记，杭州市人民代表大会常务委员会主任

序　言　二

杭州是国内外著名的大古都。上世纪80年代以后，由于不少在历史文化上获有声名的城市，都有争取成为"古都"甚至"大古都"的愿望，因此，我主编《中国都城词典》（江西教育出版社1999年出版），词条中把"古都"和"大古都"做了明确的解释：所谓"古都"，第一是历史上曾经成为一个独立政权的首都；第二是可以称为古都的现代城市，在地理位置上是与当年的古都重合，或部分重合。所谓"大古都"，就是历史上公认的传统王朝的首都，上起夏、商、周、秦、汉、晋，下至隋、唐、宋、元、明、清，都是中国历史上公认的传统王朝。这中间，晋室曾经东渡，但西晋、东晋原是一晋；宋朝虽然南迁，但北宋、南宋都是一宋。杭州从吴越宝正元年（926）成为吴越国的首都，从此就进入"古都"之列。从绍兴八年（1138）成为南宋的"行在所"，实际上的首都，从此就成为"大古都"。

关于杭州这座城市被列为"大古都"的事，是我亲身所经历的。1980年春天，"文革"结束之后不久，我们见到由王恢编著、台北学生书局1976年出版的《中国五大古都》（西安、北京、洛阳、开封、南京），大陆也拟编一本，有关方面嘱我主事。当时我想杭州毕竟是南宋的"行在所"，虽然半壁江山，但还算作是一个正统王朝。现在由我主编而仍称"五都"，这使我有愧于杭州。所以1983年4月由中国青年出版社出版的《中国六大古都》便有了杭州。当年我还带了这本书100册赴日本讲学分赠东瀛友好。后来流入台湾。台湾锦绣出版社骤见《六都》，如获至宝，便筹划出版《雄都耀光华：中国六大古都》，内容当然参照我们大陆的《六都》，但它是大16开本，由溥杰题字，卷首请我做序，且照片全为彩色，装帧极为精美，其中《杭州》开首的小标题"从海湾、泻湖到西湖"就是我的原话。此书于1989年出版（1989年大陆又有《中国七大古都》电视片，向国庆四十周年献礼，增加了河南安阳），获得很好的反响，一再重版。

我的老家是绍兴，但在杭州工作了五十多年，而且至今虽届耄耋之年，离期颐之年也已不远，但仍在职（应国务院之聘为终身教授），所以对这个城市的热爱当然是不言而喻的。在这些年里，是我第一次把杭州作为大古都落实于正式出版的书中。

南宋定都杭州以后，都城随即繁荣，而首先就是人口剧增。据美国著名汉学家施坚雅（G.W.Skinner）在其名著《中华帝国晚期的城市》（中译本，叶光庭等译，陈桥驿校，中华书局2000年出版）书中对几个"大古都"的人口统计：八世纪的长安（今西安）人口达一百万；北宋的东京（今开封），在其最后年代，人口为八十五万；南宋的临安（今杭州），在其最后年代，人口为一百二十万。杭州是人口最早攀登高峰的"大古都"。与人口增加同时出现的，当然就是商业繁荣。当时的杭州，商铺林立，生意兴隆。据南宋当代人吴自牧所撰的《梦粱录》卷十六中所记，杭州的商铺，主要可分"茶肆、酒肆、分茶酒店、面食店、荤素从食店、米铺、肉铺、鲞铺"八大类。有的商铺规模很大，象"分茶酒店"（相当于今酒菜馆）中有各类菜肴三百多种；"荤素从食店"（相当于今糖果店）中有各种点心一百二十多种；"鲞铺"（相当于今海味店）有各种鱼鲞海味六十八种。随着商业繁荣，必然出现商业竞争。许多商铺之中，兴衰交替，自属常事。而其中管理有方、经营得法的，就能在同行中独占鳌头，并且长期兴隆，这样的商铺，就是当时的老字号。以"酒肆"为例，在《梦粱录》中，象中瓦子前的武林园，南瓦子的熙春楼，都是著名的老字号。

"老字号"是商业领域中的一种重要事物。在各行各业中，"老字号"的数量众多和持续长久，这不仅是商业兴隆的标志，在某种意义上，也是经济繁荣和生意发展的标志。从《梦粱录》时代到今天，为时已近千年，杭州仍然是一个商业繁荣、"老字号"林立的城市，这确实是值得令人高兴的，同时，也让我们意识到对"老字号"宣传和保护的重要。

作为一个在杭州居住了半个多世纪的人，引以为豪的是，在2006年商务部重新认定的第一批420家"中华老字号"中，杭州占了相当的比例。50年前的世界500强，现在70%已经被淘汰出局，但是世界500强排名在前的百年历史的公司却一直表现很优秀。从英国《金融时报》和普华会计事务所联合进行的世界最受尊重的公司排行榜，可以看出这种趋势。它们的宝贵经验是把继承创新看作是基业常青的保证。这套《杭州老字号系列丛书》的编纂出版，便是老字号创新发展的一种精彩展示。内容详实、记叙简洁、图照精美、版式新颖是它的显著特点。尤其可贵的是它的创业理念与理财方略、经营招数，至今仍可借鉴和采用。 这是一宗巨大的文化遗产与精神财富，不仅具有保护、弘扬的价值，而且还具振兴、利用和在此基础上创新、发展的意义。谨以此小序聊表贺忱。

陈桥驿 浙江大学终身教授、著名历史地理学家。任中国地理学会历史地理专业委员会主任，国际地理学会历史地理专业委员会咨询委员，日本关西大学、大阪大学、广岛大学客座教授。国务院授予的"为发展我国高等教育事业作出突出贡献"的著名专家，在中国乃至世界地理学界享有崇高声誉。

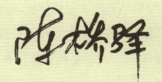

2007年11月29日于浙江大学

写在前面

"**钱**塘自古繁华"，杭州商业历史悠久。这里人杰地灵、物华天宝，能工巧匠云集、传统名产丰盛、名点佳肴繁多，一大批老字号应运而生。《杭州老字号系列丛书》，正是为了对杭州老字号整个过去和今天做番回顾与梳理，先从城区着手，再视条件许可逐步扩大到各区、县（市）。

杭州老字号历经沧桑，有过骄人辉煌，也有过坎坷曲折……可以说，老字号见证了杭州城市工商业历史的发展，是历史留给我们宝贵的文化遗产和丰厚的物质财富，也是中华民族工商业的瑰宝。张小泉、王星记、都锦生、高义泰、胡庆余堂、孔凤春、楼外楼、知味观……杭州老字号都有属于自己独特的鲜明特征。像胡庆余堂、方回春堂和张同泰药号，其建筑气势恢宏，完整地保留了当年明清建筑的原形态，这在全国也是罕见的。老字号以其独特的文化基因，传承着杭州这座历史文化名城的人文脉搏，犹如一颗颗熠熠发光的明珠，把西湖装点得更加灿烂。

这套丛书作者以极大的热情，经过广泛挖掘、搜索、整理，比较系统地介绍了杭州老字号的峥嵘岁月和辉煌历程，本意在于追溯老字号的渊源，发掘老字号的创业历程，讲述老字号操守百年的诚信经营之道，使大家获得对杭州老字号的理性认识和形象化体验。这里有鲜为人知的历史故事，更有首次披露弥足珍贵的历史老照片。在叙述方式上，不求体例一致、形式统一、辞章华丽，但求史料详实、自得一见，文字明畅、图文并茂。这套丛书既是对昨天的总结和传承，更是对今天的鞭策、对明天的引领。

　　最后要说明一点：所谓"老字号"，本来是指具有50年以上历史的商业老字号，但因过去的商业老字号大多是"前店后坊"的模式，生产、营销同时并举，颇具现代概念中的"企业"性质。所以我们这里，也包括一些有影响的，特别是品质优良，经营有方和信誉卓越的一些企事业、单位与部门，其中不乏外来而在杭州开花结果者。这对于全面了解杭州社会的经济发展、各行各业特别是关乎于民众生活的林林总总，都是会有帮助的。

吴德隆 曾任共青团杭州市委书记、中共杭州江干区委副书记、杭州市下城区委书记、杭州市贸易办主任、杭州市贸易局局长。
现任杭州市商业总会会长。

2007年6月18日于丁亥年初夏

目　录

杭州老字号系列丛书

DELICIOUS 美食篇 FOOD

美食篇

杭州老字号系列丛书

美食篇

◎追溯杭州美食发展历史◎

壹

追溯杭州美食历史

杭州以"天堂"而闻名天下，有着源远流长的饮食文化，几千年历史沉淀，杭州菜、杭州食品在全国乃至世界享有盛誉。曾经有多少文人墨客的追逐，又有多少名人名士的向注，一件件趣事佳话给杭州增添了一份神奇的色彩。杭州诸多老字号名餐馆、名饭店、名酒家、名食店以其独特的方式，在千百年的风雨历程中，形成了一道亮丽的杭菜杭食风景，谱写了一部饮食文化巨作，成为我国八大菜系中"浙菜"的重要组成部分及我国食品园圃中的奇葩。

南宋时期的杭州美食

　　自从宋高宗赵构1138年在临安（杭州）建都后，杭州便成为南宋王朝的政治、经济、文化中心。随着经济的发展，杭州的饮食业也繁荣起来，烹饪技术出现了前所未有的进步。这当中有政治因素，也有经济因素。

　　从商业来说，不仅江南各地商贾云集都城，就是波斯（伊朗）、阿拉伯以及南海各国商贾也纷至沓来，饮食业所需的各种原材料、调味品，源源不断地从水陆两个途径汇集杭州，为烹饪技术的发展提供了物质条件。如当时杭州所需的柴炭、柑橘、干鲜果子等物，大都来自严（建德）、婺（金华）、衢（衢州）、徽（安徽歙县）等州县；鲜鱼、蟹、鳖、腊等货物，除本地所产的以外，主要来自明（宁波）、越（绍兴）、台（台州）、温（温州）等地。据南宋吴自牧所著《梦粱录》记载，当时运入杭州城内的名贵海鲜，有江珧（干贝）、青虾、牡蛎、石决明（鲍鱼）、石首（黄鱼）、蝤蛑（青蟹）、鲨、鳓、鳖、鱿、鲭、鲚、海蜇等40多种；淡水鲜鱼，有鲈、鲥、鳇、鲟、鳢、鳜、等40多种；运入的新鲜蔬菜，有莼菜、竹笋、倭菜、芦笋、琼芝、紫茄等50种；肉食除家畜家禽外，有各种野味，如鸠、雉、鹌鹑、黄雀、野鸭、鹿、獐、狸、麂、黄羊等。海内外各种名贵调味品源源不断地上市。丰富的食物和众多的调味品使得杭州的厨师们得以大显身手，烹制出丰富多彩、美味可口的菜肴。据南宋周密《武林旧事》记载，绍兴二十一年十月，宋高宗赵构驾幸清河郡王张俊府，张俊以盛宴接待，筵席中计有海陆珍肴佳馔、各式蜜饯点心、应时南北鲜果26盘。烹制方法则有烩、炸、酿、炒、炙、熬、煨、蒸、润（大概是属于涮之类）等多种。光菜肴味道，就有蜜煎的甜味，如蜜笋花儿等；蜜炙的咸味，如蜜炙鹌鹑等；姜醋的辣味，如姜醋香螺等；咸酸甜三味兼而有之的，如麻脯鸡脏等；还有水果味的荔枝白腰子、小鸡两色莲子羹等。特别是出现了食品精镂细雕的加工技艺，从宴会的菜单上可知，光蜜饯雕刻就有12道菜，它们依次是：雕花梅球儿、红消花、雕花笋、蜜冬瓜鱼儿、雕花红团花、木瓜大段儿、雕花金橘、青梅荷叶儿、雕花姜、蜜笋花儿、雕花枨子、木瓜方花儿等。用的原材料，有蜂蜜渍过的笋、冬瓜、金橘、青梅、姜、木瓜等蔬菜瓜果，雕刻的花样，则有花球、花朵、鱼、荷叶等，这足以反映出当时临安菜点品种之多、厨师技术之精妙了。

此外，杭州的厨师们，还不断创制新菜，扩大菜点的花色品种。在荤菜创新方面，据南宋林洪《山家清供》记载，当时杭州城里已出现我国早期的涮兔肉，烹制的方法是：薄批肉片，用酒酱椒料浸渍后，在沸汤中摆熟食用，和现在的涮羊肉没有多大区别，只不过使用调料的先后程序不同而已。同时，还出现了烤鸭、宋嫂鱼羹等独具风味、名传古今的南宋名菜，其烹饪方法一直流传至今。菜肴的花色品种，也从山珍海味、家禽家畜的肉类、四时蔬菜瓜果等，扩大到南宋以前不登"大雅之堂"的家禽的内脏和头蹄脚掌，而且都能做得异常鲜美可口。如猪肚，当时做成名菜的就有：三色肚丝羹、银丝肚、肚丝羹、虾鱼肚羹、五色假料头肚尖、假炙江珧尖、炸肚山药、炸肚臊子蚶、石肚羹等十多种花色。其他如猪肝、羊舌、鹅肫鹅掌、猪羊血，都能做成佳肴。甚至有不少下脚料和内脏做成的菜肴，也上了清河郡王张俊宴请皇帝的名贵筵席，可见这些菜肴是做得相当出色的。同时，杭州厨师们在素食方面的创新，《山家清供》也有记载。当时素食已有100多个品种，其中大部分是蔬菜制品，也有用鲜花、中药、水果、豆制品等原材料制成的。这些素食，除了西湖一带的寺庙斋堂，向香客们供应外，在城内御街两旁，还有专门的素菜馆供市。据《武林旧事》记载，当时杭州比较有名的素菜，有蘸花冻茄儿、莼菜笋、糟琼枝、脂麻辣菜、茭白鲊、淡盐薤等20种。杭州的厨师们还十分注意兼收外国及各地风味之长。当时市肆供应的一种名叫"冻波斯姜豉"的菜就是厨师们向侨居临安的波斯商人学的。另外，杭州城里还有汴梁风味菜和川菜供应。

为了适应经济发展需要，满足商贾及市民们进餐求速的要求，我国最早的快餐应运而生。据《梦粱录》记载，当时城内各家菜馆、酒楼、饮食店服务十分周到："百端呼索取食，或熟、或冷、或温、或绝冷，精浇熬烧，呼客随意索唤"，又云"随时索唤，应手供造品尝，不致阙典"。其中呼之即出的"旋"字带头的菜肴，如"旋炙荷包"、"旋鲊"（曝腌鱼）"旋炙犯儿"等，就是当时快餐的一种特殊叫法。

另外，随着烹饪技术的专业化，杭州城里还出现了一批擅长制作某种名菜点的饮食店铺，有据可查的就有官巷口光家羹、寿慈宫前熟肉、猫儿桥魏大刀熟肉、钱塘门外宋五嫂鱼羹、涌金门灌肺、中瓦前职家羊饭、中瓦子武林园前煎白肠、灌肺岭卖轻饧、狮子巷口煎耍鱼、罐里熬鸡丝粉，等等。

杭州菜肴之所以脍炙人口，是因为它做工精细，色香味形器都有讲究。当时，在刀工、调料、菜肴色彩、炉子、冷藏技术等方面，较前都有很大改进。

如刀工，当时有切细丝的，如银丝肚、鸡脆丝等；有切大片的．如大刀羊粉、大片腰子等；有切方条块的，如界方条等；有切碎做羹的，如三脆羹等；有剁细做齑的，如虾鱼汤齑等；有批薄片的，如涮兔肉等。有雕刻成各种形状的蜜饯瓜果、冷盘凉菜。菜肴的色彩，有本色的，如银丝肚、酒蒸石首；有两色的，如二色水龙粉、小鸡两色莲子羹；有三色透明的，如三色水晶丝；有红烧的，如红熬鸡、红羊犯；有杂色的，如杂彩羹，等等。调料有姜豉、香药、甘草、丁香、木香、花椒、糖、蜜、姜、葱、麻油、酒糟、蒜、醋、玉桂、酒、芝麻、芥辣等。器皿则有"夺得千峰翠色来"的越瓷和土脉细润、釉色天青的南宋官窑所烧制的盘、盏、大碟、隔碟、碗和合子，等等。厨师们还熟谙食物解毒的方法，如河豚肉质鲜嫩但含有毒素，厨师们解除其毒素，烹制出美味的"油炸河豚"。至于火候，据当时居住在杭州的岳飞孙子岳珂撰写的《桯史》记载，当时杭州已经出现了自动拔风、火力较旺而又可根据作业需要随时移动的镣炉，这对烹饪技术的发展，也起了一定的作用。为了保证四时供应海陆名肴，当时杭州不少菜馆、酒楼、饮食店还内设"凌阴"冰室，用窖藏自然冰冷冻肉类、鱼类，以保持烹饪所需原材料的新鲜。

基于上述种种原因，南宋时期杭州的厨师们能突破原有的烹饪技术水准，汇集南北风味，兼收各地之长，把我国的烹饪技术推向一个新阶段。

元明清时期杭州的美食

元初的杭州尚保留着江南大都会的繁荣，饮食服务业还比较兴旺。与南宋时所不同的，只有三个方面：一是随着元人的南下，蒙古民族的饮食文化开始渗入。元代集饮食大成的专家是忽思慧，是元仁宗爱育黎拔力八达的饮膳太医，著有《饮膳正要》一书。在此书中，他介绍了7个品类的食品，共200余种，其

中有日常的猪、牛、羊、马、鸡、兔、鱼、雁等90多种，但80％以上是以羊肉
（或羊的内脏）为主料的菜点，没有汉族人认为高级的山珍海味。且此食谱，
主要是影响宫廷及元代各地的达官贵人的膳食，对杭州以汉民族为主的饮食虽
有影响，但渗透力不强。二是蒙古大帝国力控欧亚，东西陆海交通一时畅通无
阻，阿拉伯商人大量来到杭州，使杭州成为商旅麇集之地。崇新门（清泰门）
内荐桥以西（今之清泰街），为阿拉伯人聚集的区域，回教馆子应运而生，供
应牛羊肉等菜肴，食品、小吃应有尽有。一入其境，颇有身临回教国之感。阿
拉伯的饮食文化开始渗入杭州的饮食市场，一改南宋时都城市肆只有"冻波斯

姜豉"、"猪胰胡饼"等少数几种外来菜肴、食品的情况。在回教菜肴、食品与蒙古菜肴、食品的结合下，并有机地结合南宋各种丰富的羊肉菜点，就产生了杭州后世流传的清真馆子和羊汤饭店经营的数以上百的、美味而多彩的牛羊肉菜点，丰富着杭州传统的饮食文化。三是元世祖至元二十二年至二十四年，江南释教总统永福杨琏真伽，下令恢复杭州佛寺30余所，王元章诗写当时之情况："白石皆成佛，苍头半是僧。"（见田汝成《西湖游览志余》卷二十五）佛教的兴旺，使寺院的香积厨的素肴制作较前有了很大发展，除了满足本寺本院僧尼的需要外，还公开向善男信女们及居寺做佛事的施主们开放斋堂，天竺三寺、灵隐寺、净慈寺的素斋，历史上都是有名的。所以通往天竺、灵隐的九里松一条街极为热闹，素食店甚多。鉴于上述原因，元代杭州的佛教兴旺，奠定了杭州素食精致、独具特色而闻名全国的基础。另据元代倪瓒《云林堂饮食制度集》一书记载来看，当时江浙一带的"烧鹅"、"蜜酿蝤蛑"、"煮麸干"（即烧面筋）、"雪盦菜"等菜，都是做得比较精美的，在烹饪史上颇有影响。服务方面，宋时官府贵家置四司（帐设司、厨司、茶酒司、台盘司）、六局（果子局、蜜煎局、菜蔬局、油烛局、香药局、排办局），元时虽无其名，而礼筵率有包办，咄嗟而集（见田汝成《西湖游览志余》卷二十五）。

随着运河的年久失修，河不通江，商业衰落，再加上天灾人祸，杭州的饮食行业衰败得很快。如元成宗"大德十一年，杭州大饥，官设粥仙林寺中，饥民殍死，不为衰止"（见田汝成《西湖游览志余》卷二十三）。特别是元顺帝"至正辛巳暮春之初……四月十九日，杭州灾，毁官民房屋公廨寺观一万五千七百五十五间"、"明年壬午四月一日，又灾，尤甚于先，自昔所未有也，数百年浩繁之地，日就凋敝，实基于此"（见陶宗仪《辍耕录》卷九）。饮食业也就日渐萧条。"至正己亥冬十二月，金陵游军（明太祖遣常遇春帅师攻打杭州——笔者注）突至城下，城门闭三月余……一城之人，饿死者十有六七。军既退……而又大半病疫死"（见《辍耕录》）。在火灾及战事骤至的情况下，杭州的饮食行业从此一蹶不振，已濒临于消亡的边缘。

到明代，南京、扬州、苏州等一批江南城市中兴，但杭州饮食行业仍处于不景气之中。其主要原因，一是运河日淤日浅，内河航运日益衰退；二是倭寇侵扰，海舶往来大大减少，造成商业凋零、城市荒芜，以至"嘉靖初年，市井委巷有草深尺余者，城东西等……有狐兔为群者"（见《万历杭州府志》）。到"嘉靖乙巳，天下十荒八九，吾浙百物腾涌……时疫大行，饿莩横道"（见郎瑛《七修类稿》）。整个城市处于一片萧条、凄惨之中，只有城市中心的寿安坊市（俗称官巷口）有一些酒楼饭馆茶坊，供应各种传统的菜点酒茗。其中以鹅菜，较受市民喜爱。"嘉靖十五年，侍御张景按浙中，令巡官日报屠鹅之数，大约日屠一千三百有奇，而官府民家公私燕会，皆不与焉。较之宋时，又加十倍矣。"（见田汝成《西湖游览志余》卷二十五）这恐与元代倪瓒的"烧鹅"(清代称之为云林鹅)的制法在民间广为流传，风味较为诱人有关。杭州的饮食行业，到万历年间才有所好转，此时城内"民居栉比，鸡犬相闻……日齿既众，贸易日多"，但百姓的生计，还是相当困难，"家无宿储者十室而五"（见《万历杭州府志》）。饮食行业的明显起色仍然谈不上。

这时，杭州出现了著名饮食专家高濂，他博采民间食谱、菜谱，写成《遵生服食笺》三卷，介绍了以杭州口味为主的各种菜点、饮食的制法、吃法及其理论，总计茶泉类专论13则，汤品类32种，熟水类12种，粥糜类38种，粉面类18种，脯鲊类50种，治病有方专论一则；又家蔬类55种，野蔬类91种，酿造类28种，甜食类58种，法制食疗药品24种，神秘服食类45种，计三卷十二类253方、专论15通，成为明代的重要食典之一，对后世的杭州饮食业的发展，起了推动作用。

明时的酒楼饭馆，生意虽然不甚景气，但茶坊生意却十分兴隆。"嘉靖二十六年三月，有李氏者，忽开茶坊，饮客云集，获利甚厚，远近仿之。旬日之

间，开茶坊五十余所，然特以茶为名耳，沉湎酣歌，无殊酒馆也。"（田汝成《西湖游览志余》卷二〇）大约是上茶馆开销较少，又能打听到市井消息及与朋友抒发心情有关，故一时兴盛之至。另外，社会上还有一种专供茶事之人，谓之"茶博士"，为富家宴会服务。王希范西湖赠沈茶博诗云："百斛美醪终日醮，碧瓯偏喜试先春。烟生石鼎飞青霭，香满金盘起绿尘。诗社已无孤闷苦，醉乡还有独醒人。因思傲直銮坡夜，特赐龙团出紫宸。"（田汝成《西湖游览志余》卷二〇）诗人品茶有感，写诗赠茶博士，可见这类茶博士也定是有文化修养且精通茶道的专业服务人员。

　　清代的杭州，饮食业较明代有了发展，同时涌现出一大批饮食专家和名厨良庖。特别是到了康乾盛世时，清代统治阶级特别重视江南地区的农业和经济

■清代杭州路边的饭店，类似于今天的大排档。

发展。由于社会安定，朝廷重视，外来资本主义的影响开始波及长江三角洲，促进了杭州的商业及饮食业的发展。这时，杭州出现了中国烹饪史上有重要地位的诗人、饮食专家袁枚。他在《随园食单》一书中，系统地论述了烹饪技术和以江南风味为主的南北菜点、名酒、香茗，从十四个方面对中国独有的烹调技术作了全面的阐述，其中在"须知单"中，提出了既全且严的二十个烹饪技术操作要求，在"戒单"中提出了十四个注意事项，并用大量篇幅详细地记述了我国从14世纪至18世纪中期江南以及其他地区流行的326种南北菜肴饭点，也介绍了当时的美酒名茶，在中国饮食史上，起到了承前启后的巨大作用，为杭州饮食服务业在南宋之后进入又一个鼎盛时代，创造了理论与技术的准备条件。现在杭州的许多名店制作的一些脍炙人口的杭州风味名菜，如荷叶粉蒸肉、芙蓉肉、南肉春笋、蜜汁火方、白斩鸡、生爆子鸡、栗子鸡块、八宝豆腐、卤鸭、鱼头豆腐，等等，都可以在袁枚的《随园食单》中找到母谱。可以说，袁枚是杭州近代饮食业的鼻祖，后起的、完善杭州名菜的一些名厨良庖，都从这本食谱中受到了教益。略早于袁枚、长期居住吴山铁冶岭的戏剧家、美食家、兰溪人李渔所作的《闲情偶寄·饮馔部》，介绍了江南一带鲜蔬及鱼蟹肉禽的各种吃法及养生之道，也对清代杭州地区的菜点制作，产生了一定的指导意义。对杭州饮食服务业的发展有影响的，还有迟于李渔，袁枚，旅居杭州的医学家、食疗药膳专家、海宁人王士雄。他在《随息居饮食谱》一书中，介绍了杭州人日常食物品种230种，分水饮、谷食、调和、蔬食、果食、毛羽、鳞介等七类，对各类食物的性能及其食疗功效，均作了详细的论述。王士雄从医食同源的角度，比较科学地叙述了各种食物的食疗价值及风味，是现代杭州食补、食疗的启蒙人之一。

　　到清代末年，一大批具有现代杭州特色的名菜、名点先后定型，如西湖醋鱼、蜜汁火方、卤鸭、栗子炒仔鸡、西湖莼菜汤、全家福、清蒸鲥鱼、鱼头豆腐、虾黄鱼面、冬笋香菇面、吴山酥油饼等。清代同治年间范祖述《杭俗遗风》及清末洪如嵩《杭俗遗风补辑》二书介绍，清末民初的杭州，还涌现出一批烹饪有盛名的饭馆酒楼、茶食名店，如在城站的"小有天"，与"聚丰园"、"宴宾楼"合称杭城三大京菜馆。其中"小有天"以风味独特的坛子肉闻名于世，每一小坛需小洋八九角，慕名品尝的颇不乏人。当时杭州的普通饭店可分为件儿饭店、羊汤饭店、天竺饭店三类。件儿饭店诸物均备，冬天卖家乡肉（盐件儿），夏天卖淡件儿（白切肉），小吃如炒腰子、虾仁、四件等类，其他大菜有鸡、鹅、鱼、鸭，山珍海味，各色鲜、干果品，烧绍名酒，价亦不甚贵。件儿饭店中，以清河坊王顺兴，即杭州人所称之"王饭儿"者最为有名，除盐、淡件儿肉及各样大小吃之外，尚有"鱼头豆腐"一味，独步杭城，久享盛名。此外，虾油菠菜，亦烹调得宜，颇为可口。羊汤饭店，专卖羊货，其羊剥皮剔骨，炖烂切块，有椒盐、淡件之分；又卖羊汤面、羊杂碎；小吃有肝、腰、脊、脑、肠、肚、蹄子、口条（羊舌）、太极图（羊之生殖器）；酒唯高粱；点心有肉丝春饼、水饺、烧麦。店家招待殷勤。吃客如想喝汤，可将下酒剩下的干片羊肉，请厨房做成片儿汤。杭城之羊汤饭店，可说是宋元之遗风，市民常称之为回教馆子，一般分布在凤凰寺周围，即今清泰街、羊坝头、清河坊一带。另外，天竺饭店开设在灵隐、天竺一带，自灵隐寺山门到三天竺，有一二十家，其中以陈三房所开设的最为有名，卖小碗饭、菜惟件儿（盐、淡件儿）、豆腐、素菜、皮笋汤之类，顾客主要是来自四方的香客及游客。由于生意好，商家获利甚厚，《杭俗遗风》说：天竺饭店"春香一市生意，要安享坐吃一年"。酒家则向推五柳居，继起者有楼外楼、壶春楼（在苏堤跨虹桥西之金沙港）、闲福居、杏花村（在岳坟东）、两宜楼（在苏堤跨虹桥畔）、卧龙居（在宋庄卧龙桥畔）、自然居（在高庄侧），供应各种名酒及京杭大菜，其中楼外楼以供应醋熘鱼闻名中外。面店则分苏州面店与徽州面店两种。苏州面店到处皆有，所卖之面细长而柔软，其中荤面店主要供应火（腿）鸡面、三鲜面、焖肉面、羊肉面、燥子面、卤子面等六种料面，每碗价格21文至40文不等，只有炒面稍贵，每大盘为64文，还卖各种小吃、瓶酒、点心、春饼等。全城的苏州荤面店，就质量而言，以设在当时清河坊与保佑坊之间的六聚馆为最。该店供应的各种料面，尤以虾黄鱼面最为鲜美，而且不分季节，四时供应，这家面店有冷窖设备，能用天然冰冷冻黄鱼保鲜，以保证这种名面的常年供应。六聚馆的面条味美的另一个原因是，讲究汤的配制。据《杭俗遗风补辑》记载："他家用汤（下面条的汤）皆以肉骨煮成，独彼用火腿或笋煮成，故其味优于人也。"这家面店还供应一种"过桥面"，作料烧好后，单独盛盘，作为下酒

■当年串街走巷卖大米粥和煨红薯小挑担的买卖人。

之菜；作料之汤用来滚面，面也很鲜，颇受食客欢迎。这种烧法，一直沿袭至今。苏州面店中还有一种素面店，专卖清汤素面与菜花沃面。如顾客多，改用大铜锅煮面，称之为"铜锅大面"。这种素面店虽以供应素面为主，但也供应羊肉馒头、羊肉汤、五香鳝鱼等。在苏州素面店中，以开设在官巷口附近的"浙一馆"质量为最，其中又以冬菇笋面最为鲜美可口，吃客盈门，座无虚席。徽州面店所卖之面，比较粗而硬，最为有名的叫小碗面，面上加肉皮（即发皮）、蛋片、虾等物，相当于今日之"三鲜面"。这种面名为"小碗面"，其实碗大面多，较为下层人民群众所欢迎。徽州面店也有专门的素面店，小碗每碗10文，面上加诸如豆腐干丝等素丝之类，相当于今日的素丝面。店里还有净素的小菜面汤供应，极其便宜。徽州面店的服务方式有

■清末杭州菜馆场景

　　其独到之处：顾客可以来料加工，或炒或沃，悉听客便。特别是人多请客，可以吃整锅面，每锅以一斤起数，价格亦不贵。苏式面条用铜锅烧，徽式面条则用铁锅烧，而且面熟后即原锅送与买主上桌，又热又鲜，风味与众不同。徽式面中最有名的是"小羊面"，烧得最好的是江干的大兴馆、清河坊的四丰园。小羊面目前在杭州清河坊的名牌老店状元馆中，时逢冬令，尚有供应。

　　清代后期的糕饼点心，也是丰富多彩的，而且全城各店都有供应，因时而分，因节而异。如新年供应年糕，上灯夜供应灯圆，正月十五供应元宵，清明供应青白汤团，立夏供应乌饭糕、夏饼，端午供应粽子，六月二十三供应新麦糕，中元供应馄饨、石花菜冻糕，中秋供应月饼，重阳供应栗糕，十月朝、冬至、新春、年下均供应年糕。春节期间还供应盖有彩印的金团、银团，还有做成节节高、元宝、聚宝盆形状的糕团，以讨吉祥之用。其余还有四季应时的品种，如夏天供应茯苓糕、松子糕、绿豆糕、黄松糕、水晶糕等；冬天供应木梳糕、糖年糕、油炸年糕等。豆浆、粽子、饭团、汤团等，四时皆有。以上为米制品，用面粉做的点心，则有椒盐烧饼、糖烧饼、火烧、油炸桧、油炸虾球、油炸麻花等，各种粗细点心不下数百种之多。茶肆有名的则有涌金门码头的藕香居茶室，门对西湖，三面临荡，风光卓异，生意兴隆。其他有名的还有涌金门外的西悦来、仙乐园，昭庆寺前的景春楼。以上四家名店，不仅供应茶点，而且还供应酒与小吃。今日不少西湖风景点的茶室，兼售西湖藕粉，现冲现吃，且供应各种糕点茶食，这种经营方式也可以说是继清代之遗风。

民国时期杭州的美食

民国时期，杭州的饮食业集前朝饮食业发展之大成，三百余种菜肴和几十种名点小吃，在饮膳专家理论指导、名厨良庖实践改进之下，开始逐渐走向完美，形成继承历史传统工艺，发扬本地花色品种，同时融汇西湖人文自然景观风采的特色，产生了中国著名的八大菜系之一的"浙菜"的主要核心组成部分——杭菜。

杭菜的基本特色，概而言之，可以用"选料严谨，制作精细，清鲜爽嫩，注重原味，品种繁多，因时制宜"来说明（《杭州菜谱》）。以江南地区而言，它与著名的淮扬菜（扬州菜）、姑苏菜（苏州菜）、金陵菜（南京菜）有所不同，独树一帜而饮誉海内外。至今在香港、北京、上海等地都有正宗的杭州风味菜馆，足见其影响之深远。

民国时期之杭州菜，按其服务对象、用料、工艺制作方面的不同，大致可以分为两大流派：一是以楼外楼、天外天等西湖名胜古迹景点的著名菜馆为代

杭州老字号系列丛书 美食篇

■这张照片摄于20世纪30年代初杭州西湖边，杭州的饭店酒楼大多也开在附近，便于人们喝酒观景。

表的"湖上帮"。它的主要服务对象是达官贵人、巨贾豪商、社会名流、文人墨客、四海游人，故菜馆特别注重原材料的新鲜、嫩美，并以西湖所产鲜活鱼虾和近郊的时鲜蔬菜为主要原料；工艺技术注重刀工、火候、风味特色。其中著名的菜式有西湖醋鱼、龙井虾仁、醋鱼带鬓（柄）、春笋鲚鱼、生炒鳝片、鸡火莼菜汤、清汤鱼圆，等等。二是以商贾、市民、公务人员为主要服务对象的"城里帮"，其菜肴制作原料则大多以肉类、鱼鲜、家禽、蔬菜为主，其烹饪技艺粗细结合、高雅与实惠结合，在大众化菜肴中，匠心独运，烹制出独特的杭帮风味，比较适合为数众多的市民阶层的消费需要。其菜馆的主要代表有清河坊的王饭儿（亦称皇饭儿，招牌上是王润兴，也有称王顺兴的），湖滨一带的德胜馆、天香楼。其菜肴代表作有木郎（花鲢，即包头鱼鱼头）砂锅豆腐、盐件儿、皮儿荤素、虾子冬笋、咸肉春笋、清蒸鲥鱼、全家福，等等，其中"盐件儿、木郎砂锅豆腐为本帮菜中双绝"（黄萍荪《旧时杭帮饭绝招》）。

民国时期的杭城，除杭帮菜馆外，还有对杭菜形成、发展起到过促进作用的三大京帮菜馆：湖滨的聚丰园、宴宾楼，城站的小有天。京帮菜馆"擅长爆、扒、熘，重视吊汤"（《杭州菜谱》），代表作有"生爆鳝片、爆四丁、熘松花、清扒鱼翅等"（《杭州菜谱》）。另外，西湖四周众多的寺院，如灵隐寺、天竺上中下三寺、净慈寺的素斋以及以淮扬风味为主的湖滨素春斋菜馆的净素菜肴，也对杭菜中著名的素菜的定型、升华起到重要的影响作用。现在杭州名菜中的油焖春笋、红烧卷鸡、栗子冬菇、炒二冬、素火腿，便是这一类净素名肴。对杭菜起到影响的，还有浙东宁绍帮风味。杭州名菜中的糟青鱼干、蛤蜊汆鲫鱼、糟鸡、酱鸭等，就是这种融汇浙东风味而产生的佳肴。由于杭城内外居住着上千名信仰伊斯兰教的回民，他们所经营的清真饮食店，也在民国时期杭州的饮食业中，占据一定地位，并对杭菜产生一定的影响。据现在尚在世的、民国时期开过清真饮食店的回族长者回忆，当时杭城的清真饮食店，大多是夫妻店、父子店，雇用少数职工开张，正规的不超过10家。其中比较有名

■像这种已经西化的餐厅在民国时期开始普及，图中豪华的餐厅只有在大的饭店里才会有，生活在那个时代的达官贵人经常在这里举行宴会。

的有20世纪20年代吴山路的老魏记清真饮食店及延龄路（今之延安路）的复兴园；30年代佑圣观巷的顺兴楼，仁和路（今之太和园旧址上）的鸿宾楼，建国南路的顺兴园，羊坝头的羊汤饭店，等等。当时供应的菜肴有清炖羊肉、炸羊排、南京丸子、松肉、红焖牛肉、宫保里脊、锅烧牛肉、爆三样、生爆肚子、红烧全鱼、辣子鱼等二三十种；而点心有牛肉面、羊肉面、杂碎面、光面、家常饼、馅饼、高庄馒头、羊肉包子、炝饼、芝麻烧饼等二三十种。各帮风味和少数民族饮食，都对杭菜的日臻完善、发展起到了锦上添花的作用。

　　民国时期杭州饮食业的发展有个独特的现象，一些社会名流也参加了名菜的创制和推广。如西湖醋鱼，便是久居湖上的俞曲园（俞樾）先生最早推出的。"曲园先生来杭居住时，闻人学士访求者络绎不绝。曲园先生常以从河南学来的'宋嫂鱼羹'待客，渔歌樵唱，溢于湖上……置酒湖楼，习以为常"（俞泽民《楼外楼命名由来》），由于"中州鱼羹多用黄河鲤鱼，而江浙鲤鱼不及河鲤肥嫩，曲园先生改用西湖混（鲩）鱼，兼取宋嫂鱼和德清人（曲园先生是德清人）做鱼的方法，烧煮'西湖醋鱼'，受到宾客盛赞。《春在堂全集》之二五六卷内载诗：'宋嫂鱼羹好，城中客未尝。况谈溪与涧，何处白云乡。'诗后附注：'西湖醋鱼相传宋嫂遗制，余湖楼每以供客……皆云未知有此味。'……商人就在俞楼外侧造了一座酒楼，并仿曲园先生烧煮西湖醋鱼。因酒楼位于俞楼之外，便称之为'楼外楼'。"《楼外楼命名由来》，由此可见，目前独步武林的第一名菜"西湖醋鱼"，还是儒学大师俞曲园先生以宋代宋嫂鱼羹的特色结合德清人的烧鱼方法创制的。

名厨良庖人才辈出，也是民国时期杭菜发出炫目光彩的一个主要原因。距今70多年前，祖居西湖龙井茶产地——灵竺山间的名厨吴立昌，以芬芳的龙井鲜茶配西湖的鲜活湖虾，创制出"龙井虾仁"这道脍炙人口、名闻中外的美肴，使"天外天"这家菜馆成为杭州以新鲜龙井茶入肴的名店。吴家祖孙三代为厨，至今一家尚有四人在各宾馆、菜馆掌勺、做墩头师傅，成为杭州难得的名厨世家。30年代时，楼外楼有名厨"阿毛师傅"，善做杭帮风味菜，擅长目前已成广陵散的"醋鱼带鬓（柄）"。醋鱼带鬓即日本人所爱食之生鱼，在南宋《梦粱录》、《武林旧事》中称之为"脍"菜者。"蒋介石至，非阿毛师傅掌勺不欢"（黄萍荪《旧时杭帮饭绝招》）。

民国时期，杭州饮食业还拥有第一流的餐厅服务大师。据黄萍荪回忆："20年代末，延龄路（今延安路）上有一德胜馆，后来居上，海客豪商，尤趋之若鹜。楼座首席跑堂（服务领班——笔者注）麻子（以麻出名）喜迓客，其绝技为连珠口算和两臂略弯，各托满饭十碗飞步上楼，上下梯如猿猱升，气足神完，一一置桌，浑若无事，尔时麻师年亦四十余矣。"，"他边点盘碗，重复菜名，边报单价，笔笔不误"，"至于待客之殷勤，察颜观色之敏感，尤为

蟹 大 水 清
ON EATING CRABS

■每到秋天杭州市民都有喝着黄酒吃大闸蟹的风俗，图中是品尝清水大闸蟹的杭州人。

绝唱。是以客非其招待不欢。"（《旧时杭帮饭绝招》与《本帮饭店与风味小吃》）这位麻子师傅所掌握的边点盘碗、边报菜名、边报单价，账藏心中，笔笔不误的心算技术与双臂一次托饭20碗上下楼梯的绝技，就他的过硬功夫而言，可说前无古人、后无来者了。

民国时期杭州饮食业还有一个特色，就是高雅与实惠兼备，店家注重大众化与薄利多销，兼以名菜品目繁多，制作精巧细致，曾经吸引过诸多的国内名人、社会名流及在华洋人。其中最具特色的为"门板饭"，在民国时期极得劳苦大众的赞赏。"所谓'门板饭'者：店口设一丈余桌板，沿街置一条凳如桌板长，两脚踏在门槛上，十余人比肩而食。好在全是劳动人民，日晒、风吹、雨打，习以为常。桌旁一座三眼大灶，头口锅里什锦汤菜，以猪、鸭、鸡的下脚料熬汤，青菜、豆腐、粉丝……为佐，翠玉相映，热气腾腾，油珠滚滚，浓香扑鼻，每碗三个铜板，正好下饭三碗。门板饭容量不同于堂吃楼座。饭堆得像宝塔尖，第一口不能动筷，动则饭便四散，须以口吞，先把塔尖消灭，才是行家"（黄萍荪《旧时杭帮饭绝招》）。"门板饭"的案桌上，还常"有五六只红漆木盆，盛以大路看馔，如千张包子、扎肉、鱼下脚、猪头肉炒油豆腐、豆芽菜等，每碟三五个铜板，随吃随匀"（黄萍荪《皇（王）饭儿与胡雪岩、司徒雷登》）。店家出售价廉物美、经济实惠的"门板饭"，"这些吃客是活的广告，哪家的'结棍'（杭州方言：丰富、扎实——笔者注），油水足，口碑载道。不胫而走"《旧时杭帮饭绝招》，最有名的为王（皇）饭儿，"独步武林，颇懂得门外宁亏门内补之诀，生财有道矣"《旧时杭帮饭绝招》。"门板饭"是亏本生意，但善于经营的王（皇）饭儿老板自有办法。王（皇）饭儿第三代老板是燕京大学的高材生。他曾对当时失业吃"门板饭"的老报人黄萍荪说："将欲取之，必先与之；失之东隅，收之桑榆。做生意，打也来，骂也来，蚀本总不来，楼下放一码，楼上赚转来。"《旧时杭帮饭绝招》即以楼上雅座高档菜肴所赚的利润，来弥补"门板饭"的亏损，可见王（皇）饭儿老板长袖善舞，会做生意。

民国时期杭州饭店的类型，除继承清末的件儿饭店、羊汤饭店，天竺饭店三种外，杭帮菜的主要经营店家有楼外楼、天外天、德胜馆、天香楼、素春斋等。除德胜馆被淘汰外，大都成为杭城名店留存至今。与菜馆饭店争相经营的，还有颇具南宋风尚的、单一经营的个体饮食户，比较有名的"有高乔巷郭七斤的鸡汤鱼圆，太平坊巷的父龙酱鸭，佑圣观巷口老南安酒家的荷叶粉蒸肉，丰乐桥华光巷口的烧鹅，梅花碑赵老奶奶的咸菜卤豆腐干"（见黄萍荪《本帮饭店与风味小吃》）。这些专业户所经营的菜肴与风味小吃，都有浓厚的杭州地方风味特色，其中比较受市民欢迎的有酱鸭、荷叶粉蒸肉、咸菜卤豆腐干等，至今仍能在杭州街市上见到供应，并可以买回去吃或堂坐、摊坐品尝。另外，当时从事酱品、腐乳的景阳观（至今仍在），亦兼供应风味菜肴中的糟货如鸡汁鱼翅、五香乳鸽、美味醉蟹、翠微虾酱等（陈从周提供给杭州食品行业的《旧藏饼饵鲜果品货单》）。

民国时期不少社会名流光顾饭店时留下的轶事，当时传为佳话。"1937年夏，蒋经国夫妇从苏联归来……蒋介石夫妇在……楼外楼为儿孙们洗尘，合家欢宴。……宋美龄格外兴奋，详细介绍了西湖醋鱼等名菜的由来和做法，还告诉俄籍媳妇蒋方良，这几只菜是阿爸最喜欢吃的。蒋介石满面笑容，谈笑风生，据说这是他多次来楼外楼中最高兴的一次。"（仲向平《蒋家与西湖》）。"1946年初夏，蒋经国邀上海市长吴国桢同游玉皇山，在山顶福星观品尝了素筵，大约素菜味美宜人，蒋经国当即乐助1000元，吴国桢也捐助了500元，帮助福星观维修及维持日常开支《蒋家与西湖》。福星观的道家素食名传至今，品者不绝。国民党浙江省议会副议长兼《良言报》主笔的沈玄庐，在与同事品尝了王（皇）饭儿的名菜砂锅鱼头豆腐、盐件儿后，当即为王（皇）饭儿题赠一联、一中堂，一联为："肚饥饭碗小，鱼美酒肠宽"十个大字，还题了上下款，加盖朱印；中堂写着："左手招福来，右手携名姝。入座相顾笑，堂倌自须眉。问客何所好，嫩豆腐烧鱼。"沈玄庐写罢，重新入座。老板加烫热酒，再添鱼头，声明不收钱，于是大醉而归。之后，沈玄庐就成了此店的常客（章达庵《沈玄庐赠联王饭儿》）。出生在杭州天水桥的美国人、后任美国驻华大使的司徒雷登，也非常欣赏"王（皇）饭儿"的杭帮风味，是一个地道的杭帮菜肴的知味人。他说："中华为余第二故园，杭州是我血地，皇（王）饭儿的杭菜使余难忘！"（黄萍荪《皇饭儿与胡雪岩、司徒雷登》）。司徒雷登极其熟悉杭菜的吃法。王老板（第三代老板，司徒雷登的学生）请司徒点菜，司徒说："醋鱼要带鲞（一鱼两吃，取其肚当切片，佐以生姜麻蒜等——应为一鱼生熟两吃，一部分做成醋鱼，

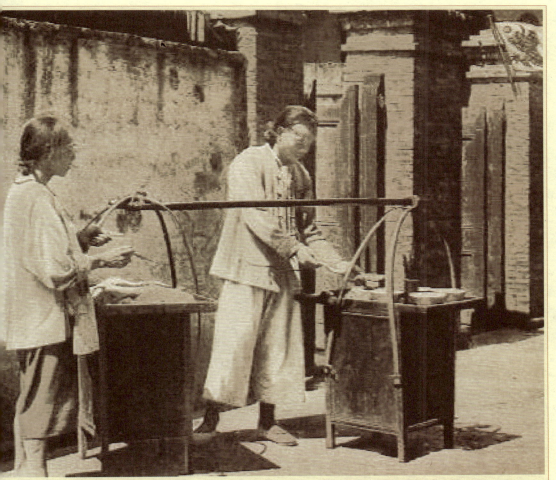

■清末民初的杭城，有不少串街走巷叫卖的小吃担儿。夏天敲竹筒叫卖的咸豆（老豌豆）糖粥担；秋天叫卖的"现炒热白果"担；秋冬春三季夜间流动、敲竹筒的带炉带料的馄饨担和叫喊"火热的肉粽子"的粽子担；四季流动的甜酱豆腐干担、豆腐脑担、鸭血汤担（亦是边烧边卖的），都是极受市民们欢迎的风味小吃。

另一部分做成生鱼片，拌以调料食用——笔者注），件儿改刀（切小切薄——笔者注）烧菜心，木郎豆腐免辣重胡椒……"

　　同杭帮菜肴一样脍炙人口的，还有杭州的面点。官巷口的老聚胜面馆，"营业之盛，居武林同行之首"（见黄萍荪《丰乐桥上下》）。后来奎元馆、状元馆两馆继而兴起，两店都以宁帮风味面点融入杭帮饮食业而出名。其中以虾爆鳝面、虾黄鱼面最为人乐道，至今仍为杭州人家喻户晓。其他有名的面，

■当时比较有名的有丰乐桥的五开间门面的悦来阁茶馆，湖滨的西园茶店、三雅园茶馆、雅园茶楼、喜雨台茶楼等。

还有火（腿）鸡面、三鲜面、焖肉面、小羊面、燥子面、卤子面、冬菇笋面、素丝面等；清真风味的牛肉面、羊肉面、杂碎面，等等。城隍山的吴山酥油饼，最早起源于安徽寿州名点大救驾，系宋室南下时传来，清代袁枚《随园食单》及吴敬梓《儒林外史》称之为"蓑衣饼"，缘于其酥脆蓬松而名之"蓑衣"。民国时期因在吴山出售，故称"吴山酥油饼"。它的松脆可口更是吸引不少食客。郁达夫曾多次品尝吴山酥油饼。后来，他在《自传》中回忆道："酥油饼价格的贵，味道的好，和吃不饱的几种特性，也是尽人皆知的事实。"著名的点心，还有西园茶店的油包，颐香斋的桂花白糖条头糕、潮糕等，都是为群众所喜爱的。另外，街头巷尾，各种应时小吃，四时不绝：冬春的鸭血汤、豆腐脑、甜酱豆腐干、油氽臭豆腐、菜卤豆腐、馄饨、沃面、阳春面、拌面、肉粽、细沙粽；夏秋的老豌豆（俗称咸豆）糖粥、糯米酥藕、藕粥、桂花藕粉、桂花栗子羹，等等，可说极为丰富，基本同清末相似。

民国初期西餐社亦开始出现，但一般市民对这种外来的饮食文化尚不熟悉亦不习惯，故不大为世人所知。其中比较有名的只有鸳鸯蝴蝶派作家陈蝶仙之子陈小蝶开在西泠桥畔凤林寺旁的蝶来饭店，内有西餐，请的是上海师傅，有名的厨师有严承标、胡宇永等7人，所制西餐色香味形俱备，颇受旅客赞赏（章达庵《杭城旧事四则》之三《蝶来饭店》）。

民国时期的杭城，还有许多茶楼、茶馆，市民前去喝早茶时，供应丰富的茶点，比如猪油烧饼、葱油烧饼、椒盐烧饼、油包、条头糕、鲜肉包子、细沙包子、油炸脍(油条)、糯米饭团、糯米烧麦、葱煎包子，等等。当时比较有名的有丰乐桥的五开间门面的悦来阁茶馆，湖滨的西园茶店、三雅园茶馆、雅园茶楼、喜雨台茶楼等。悦来阁茶馆是三教九流聚会之处，社会帮会藏污纳垢之地。每日"午饭前坐无隙地，进门的码头桌几上，是清一色的帮会大亨，臂刺花，掌玩弹，腰插匕，开口老子闭口爷，满嘴黑话人难懂。若辈坐的姿势和茶壶、盖碗的搁置，都有一定款式。据说江湖好汉马永贞、白癞痢都曾到此会友"（黄萍荪《丰乐桥上下》）。至于西湖四周名胜古迹区及城区街头巷尾的大大小小的茶楼、茶馆，则多不胜举。早起坐茶馆、喝早茶、吃早点，可说是杭州市民饮食生活中由来已久的一种风尚，这在民国时期表现得特别流行。这大约与当时社会从封闭走向开放，人们爱打听时新事，结交朋友，寻求消遣等有关。民国时期杭城，还有不少串街走巷叫卖的小吃担，夏天敲竹筒叫卖的咸豆（老豌豆）糖粥担；秋天叫卖的"现炒热白果"担；秋冬春三季夜间流动、敲竹筒的带炉带料的馄饨担和叫喊"火热的肉粽子"的粽子担；四季流动的甜酱豆腐干担、豆腐脑担、鸭血汤担（亦是边烧边卖的），都是极受市民们欢迎的风味小吃。特别是冬天戏院、电影院散场出来的市民，能在路旁站着吃一碗热乎乎的鲜肉馄饨，无疑是一种享受。这类小贩都是贫困市民和郊县的农民，却非常讲究信誉。如夜间的馄饨担，专门有几只小抽斗放包好的馄饨，避免堆积一起互相粘连，影响口味；而调料除了有精盐、虾子、葱花外，尚有胡椒粉、辣粉；考究的担子，还在馄饨里增添蛋丝、紫菜、榨菜末等辅料，故味道十分鲜美可口。因此，各个担子都有一批老买主，虽然本小利微，却也生意兴隆，得以维持生计。这也可以说是那时忠厚的老杭州人一种处世之道、经营之法。就饮食行业来说，这实在是值得赞颂并继承的。

资料链接·我国古代十大名厨

■伊尹像　　　　　■宋朝女厨图　　　　　■庖厨俑

■伊尹，为商朝辅国宰相，商汤一代名厨，有"烹调之圣"美称，"伊尹汤液"为人传颂千年不衰。

■易牙，也名狄牙，为春秋时期名巫、著名厨师，精于煎、熬、燔、炙，又是调味专家，得宠于齐桓公。

■太和公，为春秋末年吴国名厨，精通水产为原料的菜肴，尤以炙鱼闻名天下。

■膳祖，为唐朝一代女名厨。段成式编的《酉阳杂俎》书中名食，均出自膳祖之手。

■梵正，为五代时尼姑、著名女厨师，以创制"辋川小祥"风景拼盘而驰名天下，将菜肴与造型艺术融为一体，使菜上有山水，盘中溢诗歌。

■刘娘子，为南宋高宗宫中女厨，历史上第一个宫廷女厨师，称为"尚食刘娘子"。

■宋五嫂，为南宋著名民间女厨师。高宗赵构乘龙舟泛西湖，曾尝其鱼羹，赞美不已，于是名声大震，奉为脍鱼之"师祖"。

■董小宛，明末清初秦淮名妓，善制菜蔬糕点，尤善桃膏、瓜膏、腌菜等，名传江南。现在的扬州名点灌香董糖、卷酥董糖，皆为她所创制。

■萧美人，清朝著名女点心师，以善制馒头、糕点、饺子等点心而闻名，袁枚颇为推崇她，《随园食单》中盛赞其点心"小巧可爱，洁白如雪"。

■王小余，清代乾隆时名厨，烹饪手艺高超，并有丰富的理论经验。袁枚《随园食单》有许多方面得力于王小余的见解。

建国以来的杭州美食

建国后，由于我国在经济建设上的决策失误，杭州餐饮食品的发展步子很慢，很多优秀的独门绝活也逐渐失传，到了"文化大革命"，更是遭受了严重的破坏，基本所有的商号都被作为"封资修"而改名，有的商号干脆就消失了，店里基本就是卖革命饭、革命菜和一些糕点之类，品种单调。直至改革开放后，以经济建设中心的国策实施，杭州老字号餐饮食品业逐渐恢复了原气，赫赫有名的字号、商号逐渐恢复原名，很多有名的美味菜肴得以重现，杭州餐饮食品业迎来了发展和创新的春天。

改革开放至今，杭州餐饮食品业发生了巨大变化，它汇集了前代饮食发展之大成，扬江南鱼米之乡物产丰盛之优势，吸收其它菜系的烹饪技艺，融合西湖胜迹的文采风貌，"南料北烹"、"口味交融"，提升自己独特的风味，成

■万隆的房子至今还矗立在历史街区——清河坊，万隆火腿一直受杭州市民的喜爱。在它的对面就是百年老字号王润兴酒楼，这个街区里还有很多杭州著名老字号餐饮店。

为江南菜中独树一帜而富有古都风格的"京杭菜肴"。尤其是杭城餐饮食品老字号独创的美食文化，显示出了强劲的发展潜力：独具特色的羊汤饭店、鱼头豆腐的"王润兴"、西湖第一楼的"楼外楼"、江南面王的"奎元馆"、店老货真的"状元馆"、美味糕点的"颐香斋"、东南佛国的"天外天"、巧夺天工的"知味观"、经济实惠的"多益处"、庭院酒家"山外山"、异国风情的"海丰西餐社"、山清水秀的"天香楼"、众人所爱的"采芝斋"、良厨辈出的"杭州酒家"、翠沁斋的糕点，还有难忘的"太和园"和"素春斋"，等等，它们描绘着一连串动人的故事，脍炙人口，令杭州百姓记忆犹新。像：西湖醋鱼、东坡肉、鱼头豆腐、宋嫂鱼羹、羊汤饭、太和鸭子、咸件儿、虾爆鳝面、西湖藕粉，景阳观的酱菜，万隆的火腿酱制品，蒋同顺的糕点，五味和、颐香斋百年至尊的月饼和精美糕点，还有翠沁斋独特的清真糕点系列，都是老百姓再熟悉不过的菜肴与食品了，它们创造的百年品牌深深地印在杭州市民的心中。难怪有人说：生长在杭州的人，天生就是一种福气。

历史，经历了多少年来的甜酸苦辣，是他们创造了辉煌，同时也留下了一道道深深的伤痕。曾经是我国最大的素食馆——素春斋、一度闻名的"太和园"等著名餐馆，渐渐地离开了我们的视线，带着遗憾，带着忧伤离老百姓而去。这绝不是百姓所愿。他们在杭城百姓的心目中永远不会被抹去，而是期待着他们有朝一日重整与复出。

杭州餐饮的发展，在历史的长河之中只是短暂的一瞬。回顾他们所走过的路程，信心百倍；展望他们所取得的成就，倍感欣慰。同时，我们也可以从素春斋等衰败的教训中得到启示。今天我们重写"杭州老字号系列丛书·美食篇"，这也许是一种思念，也许是一种追逐，也许是一种释放，也许是一种期待，深信杭州餐饮文化在新世纪的历史大潮中，继承老字号千百年传统文化，勇于拼博、开拓、创新，他们的前景将更加辉煌与灿烂！

朋友，请跟随我们的脚步，沿着杭州餐饮食品业老字号的足迹，前行……

杭州老字号系列丛书

美食篇

DELICIOUS 美食篇 FOOD

杭州老字号系列丛书

美食篇

◎杭州老字号餐饮篇◎

○始创于清·道光十年(1830)○

源远流长羊汤饭

在古城杭州灿若繁星的百年老店中，位于中山中路清河坊历史街区的羊汤饭店，是一家独具特色的、具有南宋遗风流韵的饭店。

杭州这个地方，人人都知是南宋古都。七八百年过去，在历史古迹方面，留下了凤凰山大内禁苑众多的泉池石刻；而在饮食文化方面，数典问祖，只有羊汤可说尚留昔日余韵余香。无论是炎夏还是寒冬，古城中这有名的羊汤饭店，始终以它悠久的饮食文化历史、独特的宋元风味吸引着众多的知味者。

　　翻开南宋古籍，你会发现，宋人崇尚羊肉，甚至连皇室御膳亦沿用祖宗之法，以羊肉为主要肉食，以至尊贵的宋孝宗(赵昚)，因母梦羊入怀而孕胎生下，故小名称之"阿羊"。他曾在宫中宴请大臣胡铨，就有两道羊肉做的名菜："胡椒醋羊头、真珠粉及炕羊炮饭"。前者是用胡椒与醋调味的羊头肉，后者是撒了真珠粉、内嵌调了味的糯米饭的烤全羊。在这两道菜制作时，必定还留下一锅香浓的羊汤。羊汤饭店正是以制作这种宋元风味的羊汤及羊肉、羊下脚等菜点而闻名于世的。

　　羊汤饭店，据《杭俗遗风》[清同治二年（1863），杭州人范祖述著，范在此书中记载了从清道光十年（1830）起至清咸丰十年（1860）30年时间中的杭州的风俗，民国十五年（1926）杭州人洪如嵩对此书作了补辑]介绍，从清道光十年（1830）起，杭州就有了羊汤饭店[另也有书籍记载清乾隆五十三年（1788）就有了羊汤饭店，但出处引自何典，没有可靠说明]，这样算来，羊汤饭店至少也有178年历史。又据《杭州工商史料选》记载，羊汤饭店原为一家回族的酒菜馆，设在中山中路伊斯兰教四大古寺之一的凤凰寺的对面，后迁至清河坊河坊街街口附近，即方回春堂药店对面。20世纪30年代中期，饭店盘给鲁炳耀经营，曾在电影院做广告，宣传羊汤饭等。当年的《东南日报》还介绍了西乐园（即羊汤饭店）的羊汤饭，一些名人及商贾不时前去光顾。20世纪20年代初，红学家俞平伯初寓杭时，与几位女眷经常到清河坊去逛街，就曾吃过一次羊汤饭，直到82岁高龄时，仍记忆犹新："记得是个夏天，起个大清

早，到了那里一看，果然顾客如云，高朋满座"，"食品总是出在羊身上的，白煮为多，甚清洁。"（见邹晓《俞平伯眷恋杭食》）可见20世纪二三十年代时，羊汤饭店在杭州已经知名度较高、颇有名气了。之后几经转换，2000年，河坊街历史街区改建后，羊汤饭店又迁至清河坊四拐角原翁隆盛茶叶店的位置处。除了供应传统的羊汤、羊肉菜肴、羊肉烧卖、羊杂碎外，也供应鸡鸭鱼肉等制作的佳肴，颇受市民及四海游客的好评。

有关羊汤饭店经营的品种，《杭俗遗风》曾经记载道："专卖羊货，饭每碗六文或四文，更有羊汤面，每碗六文、八文起码，听吃客之便。其羊剥皮剔骨、炖烂切块，每件四文，有椒盐淡件之分。又有肠肺心等，切碎加汤盛碗，名曰杂水，单碗六文，夹碗十四文。小吃肝腰脊脑肠肚蹄子口条（舌）太极图（雌雄羊之生殖器——笔者注），每盘二十八文。如一人吃，十四文亦卖。件儿肉（咸或淡的羊肉条块），如吃两件，只钱六文，干片儿每盘多少不拘，亦可放汤作片子汤。其大菜烧肉杂水等项，总不离乎羊身。酒惟高粱。点心则肉丝春饼、水饺、烧卖均有。小菜每盘、面汤每盆，均钱二文。惟夏天不开，以其时热也。"以上是清道光十年（1830）至清咸丰十年（1860）时的经营情

■羊汤饭店有名的羊汤

况。民国以来，情况变化不大，经营内容及品种都差不多，仍保持供应浓酽如奶、营养丰富的羊汤及别具风味的羊肉菜肴和自清代以来一直供应的羊肉烧卖。

那么何谓羊汤饭呢？羊汤饭者，乃一饭一汤也。饭是上好的米饭，汤便是用带肉羊骨头和羊下脚加了调料熬出来的浓汤。旧时的羊汤饭店门口，一边是面板师傅现做现卖的羊肉烧卖，一边便是一口一米方圆的大铁锅，"咕嘟咕嘟"熬着浓白如奶的羊汤。早晨上吴山喝茶、玩鸟、锻炼的人们，都喜欢在羊

■羊汤饭店富丽堂皇的大厅

汤饭店要一碗羊汤，就着羊肉烧卖，或者配点米饭、羊杂碎当早餐吃。常去羊汤饭店吃羊货的人，还有一套专门的行话，如将羊眼叫亮筒，羊舌叫门腔，如吃眼舌拼盘叫龙门双腔；而羊腰叫膣儿，腰肝拼盘就叫肝腰两开，至于羊脚羊蹄和羊肚拼盘则称之为蹄肚两开。

　　羊汤饭店虽有炸羊排、爆羊肉片之类的大菜，但最出名的还是羊汤与羊杂碎。那羊汤真叫好，浓酽如奶，又香又醇，不放味精，全靠原汁本汤取胜，且越烫越鲜。那汤中溶解了丰富的胶原蛋白及钙、磷等人体所必需的养分，营养是异常丰富的。

羊汤饭店供应清一色的羊汤饭一直持续到1956年，之后由于货源难觅，于是就向多种经营发展，也供应鸡、鸭、鱼、肉、海味等菜点，但仍供应独具特色的羊汤、羊肉菜、羊肉烧卖；羊汤、蒜爆羊肉、羊肉烧卖，曾被杭州《经济生活报》所刊之文称为《杭城"羊菜三绝"》（宋宪章）。羊肉烧卖，曾被媒体与市民评为"杭州名小吃"。

之后，羊汤饭店还推出了创新品种"涮鲜"。"涮鲜"是在涮羊肉的基础上产生的，制作方法是用纯精羊腿肉与黑鱼肉卷成筒状，置冰箱冻硬后切成薄片，在火锅中涮熟，蘸调料而食，其奇鲜之至。

1987年，又推出具有北京风味的涮羊肉吃法，一入冬令，顾客盈门，生意十分兴隆。

现在，在清河坊四拐角新址的羊汤饭店，又推出了新世纪的创新菜满汉羊腿、鱼羊同嬉、鱼羊片、西湖羊肉卷、手扒羊肉等。其中满汉羊腿为饭店之招牌菜，它以湖羊前腿作为原料，经多道工序制成，烹好之菜，色泽金黄，肉质鲜爽，香浓味美，为难得之佳肴也。而其他几款以羊肉为主原料的新菜，也都别出心裁，各有所长，颇具风味，深得四方食家喜爱。

传统的羊汤、羊肉菜肴，羊肉烧卖与鸡、鸭、鱼肉及创新品种交织在一起，珠联璧合、相辅相成，使得羊汤饭店这家独具风味的百年老店，更加散发出迷人的魅力。

■鱼羊同嬉　　　　■红焖羊肉煲　　　　■手扒羊肉

■满汉羊腿

■剁椒羊肉签

■西湖羊肉卷

■蒜爆羊片

■川椒羊肉

■羊肉烧卖

○始创于清·道光二十四年(1844)○

杭帮名家王润兴

王润兴为杭邦饭店之首，约创办于19世纪40年代，开设于清河坊，以经营"门板饭"而闻名。该店临门摆上长条桌和长板凳，食客以劳动者居多，常供应猪头冻肉、咸菜豆腐之类的大众菜。楼上供应杭菜，尤以鱼头豆腐和盐件儿为名菜。清末，在杭城普通饭店中王润兴最有声望。"文革"初，改名向前点心店，1989年恢复原名。

043

　　说起清河坊百年老店王润兴，老杭州人便会津津乐道讲起乾隆皇帝吃鱼头豆腐的故事：说是乾隆下江南在城隍山游玩，突然遇到大雨，来到山腰一户人家避雨，谁料想雨"滴滴答答"下个没完没了。这时乾隆的肚中却唱起了"空城计"，开口便向户主讨饭吃。这户人家很穷，户主是一家饭店的伙计，家中没有什么好吃的，只有半个鱼头和一碗豆腐，便加了一点豆瓣酱烧给皇帝下饭吃。谁知乾隆吃后，大为赞赏。不久，乾隆再次下江南时，找到这个饭店伙计，赏了他一笔银子，叫他开店，以供自己来年南巡时，品尝鱼头豆腐，并御笔亲题了"皇饭儿"三字。从此，杭州"皇饭儿"便名扬四海了。其实，这一民间传说，据王润兴店东的后裔透露，是他们上代为招徕生意编撰出来的，因为杭州人说话每每带个"儿"字，故王家的饭店，便起名为"王饭儿"，之后他们就有意改称为"皇饭儿"，并在店前的泥地上做了个靴印，引得大家来踏看。传说虽是杜撰，但鱼头豆腐的鲜美可口，却是实实在在的。

在20世纪30年代，王润兴的木郎豆腐(鱼头豆腐)、咸件儿等一批杭帮菜，在杭州城里确实是名播遐迩、脍炙人口，连美国驻华大使司徒雷登、辛亥名流沈玄庐、胡庆馀堂老板胡雪岩这样一批名人都趋之若鹜，更不用说《东南日报》名记者黄萍荪妙笔生花，写得活龙活现。黄萍荪在《"皇饭儿"与胡雪岩、司徒雷登》一文中说：司徒雷登曾云，"皇饭儿的杭帮菜使余难忘!"又在同文中介绍胡雪岩请了洋人梅藤更(广济医院院长；广济医院即为今之浙江大学第二附属医院的前身)、总税务司赫德一起品尝皇饭儿佳肴，"同样翘其一指，赞为'顶呱呱'"，而辛亥革命名人沈玄庐吃了饭后，则留下了"肚饥饭碗小，鱼美酒肠宽"的名联。

王润兴能博得名人与食客们的好评，与这家饭店的老板从20世纪30年代起一直重视菜肴质量、重视经营管理有关。

据《杭州文史丛编》记载：王润兴始创于1844年(清道光二十四年)，原址在清河坊四拐角孔凤春和方回春堂之间，至今已有164年左右历史。但王家几代人未能兴旺店业，不得已于1914年将店租给学徒何嘉贵经营。何于1937年去世，由堂弟何传林接手。日寇侵华期间，王润兴曾被迫停业，直到1938年复业。1947年何传林之子何永明继承父业，发扬传统，从此王润兴盛名历久不衰，直到"五反"后，因生意清淡，于1954年倒闭。王润兴再次复业，已是两年后的1956年，店址选在城站路上。1972年由于危房的原因被迫停业，并于1989年1月再一次重新开业。随着改革开放、经济发展的步伐迈大，王润兴终于于2002年在清河坊四拐角揭开了新的一页，并在高银巷与鼓楼、江城路等处开出连锁店。现在的新店位于原址右边，原孔凤春香粉店处，经营面积有500平方米，除大厅外，计有风格迥异的包厢10余个，可供200—300人同时就餐，有名的菜肴则有乾隆鱼头、王太守八宝豆腐、叫花鸡、笋干烤螺头、迷粽

仔排，等等，其中乾隆鱼头以包头鱼鱼头辅以大蒜、豆腐等烹制而成，色泽酱红，香浓肉酥，是该店的传统名菜。2004年5月，乾隆鱼头曾与另一佳肴糯米酱鸭舌一起在首届"百家食谱"美食精品大赛中荣获金勺奖。此外，如干煲太守鸭，以茶树菇、豆腐干、洋葱加调料等煲成，并以菜心加以点缀，这道菜烹成后，鸭肉酥香鲜美，荤中有素，亦为看家佳肴。更为难得的是，王润兴新店在年轻有为的新生代掌门人屠荣生主持下，除乾隆鱼头、干煲太守鸭外，还开发出了王太守八宝豆腐、太尉酥鸭、咸件儿、宋嫂鱼羹等其他仿古及传统菜肴，正是"长江后浪推前浪，烹坛新人胜前人"。

但说起王润兴当年出名的看家菜，却还是鱼头豆腐与咸件两种。旧时，它的店堂里挂着两块牌子，写得再清楚不过了，一块是"著名包鱼豆腐"，一块是"特办上江南肉"。王润兴老板特别重视菜肴原料的上乘及烹制方法的精细，鱼头豆腐所用的包头鱼，长期由特约农户养殖供应，活养活杀，制作时将鱼头一劈为二，先下油锅煎黄，然后加入上等酱油、黄酒、豆瓣酱、姜末并以适量水共烹，之后再放进纯黄豆特制的嫩豆腐一起炖之，直至鱼香透出，撒些青蒜或葱花，即可出锅。因此菜之味鲜美可口，来客入店必首点此菜。沈玄庐品尝此菜写了对联后，还加写了中堂一幅："左手招福来，右手携名姝；入座相顾笑，堂倌白须眉；问客何所好？嫩豆腐烧鱼。"可见，鱼头豆腐确为当时食客所喜爱。而该店的咸件儿，则是采用金华著名的皮薄肉鲜的双头乌猪所腌的五花咸肉所做，烹制时先将咸肉切成七八斤至十数斤的大块，洗净后入淘锅，加绍兴好酒、姜及清水烧煮，待熟后切成2市两重的长方形条块，再放入钵内蒸过。此菜做好后，一层精、一层肥，精肉艳如桃花，肥肉色若水晶，酥香可口，糯而不腻，造色、香、味三绝。

　　在经营方法上，王润兴积累了自己完整的一套经营，即高雅与实惠相结合，楼下是门板饭，楼上是雅座。杭州的门板饭，颇有南宋遗风，因为以门板为桌，坐的是条凳，故名之为"门板饭"。门板饭价廉物美，朱漆大盆装着各种熟菜，贩夫走卒，杂坐一凳。堂倌端给吃客的每碗饭堆得像一座宝塔山，没吃过的人还不知道如何下嘴呢？除了现成的熟菜外，过去王润兴店门口还有一座三眼大灶，终日翻腾如浪；锅中的大杂烩集猪头肉、鸡鸭杂碎于一体，另辅以豆腐、萝卜、黄豆、大白菜……香飘大街，诱人垂涎。三个铜板能买一碗塔尖饭，五个铜板能要一勺大杂烩。对于常吃门板饭的劳苦大众，王润兴老板特别客气，门板客的咸件儿切得特别大，每块不过六七分钱，还奉送肉汤一碗。门板饭的生意实际上是亏本的，王润兴20世纪30年代的老板曾对当时东南日报名记者黄萍荪说："油水足足的，让食者满意抹嘴离座，因为他们是义务的广告员——有口皆碑嘛！"又说："将欲取之，必先与之；失之东隅，收之桑

榆。……楼下放一码，楼上赚转来……"讲得很清楚。楼上供应的是点菜，除了前面两只名菜外，还有烩虾脑、鱼脑羹、炸响铃、清汤鱼圆、三虾豆腐、醋熘鲩鱼、生爆鳝背、宁式鳝丝、椒盐鳝片、虾油菠菜等，这些都是王润兴的拿手好菜。

在服务方面，王润兴亦有独到之处：顾客上门及酒饭之后都送上茶水与毛巾；酒后用饭时，赠送冬腌菜、酱萝卜、酸辣酱菜等爽口小菜，以调剂口味。如酒菜凉了，堂倌不待顾客呼唤，会主动帮助烫酒热菜。附近商家及居民电话点菜，店里不论数量多少及贵贱，均派人送饭菜上门。王润兴的这种全心全意为顾客服务的精神，无疑是这家百年老店历久不衰的重要原因之一。

此外，王润兴对外长期注重"价廉物美，薄利多销"的经营方针，一般毛利常控制在25%左右，比现今杭州的菜馆饭店的利润要低一半多；对内部职工，根据不同职务、工种及技术高低评定月薪，合理分配内、外小账，充分调动他们的工作积极性。

百年老店王润兴过去的一整套经营、服务经验，是杭城餐饮业的一份宝贵的商业文化遗产，值得我们借鉴并推广之。

资料链接·王润兴门板饭

百年之前，王润兴在门口搭起门板摆满饭菜，卖的都是些重口味的下饭菜如盐件儿等，买的多是些从事体力劳动为主的贩夫走卒。王润兴给盛的米饭特别扎实，一大海碗米饭堆得高高的，再用毛巾裹出一个尖来，吃时饭店伙计须将毛巾旋开，顾客则从尖尖上咬第一口，以后的杭州话里就多了两个词"门板饭"和"旋儿饭"。今天的王润兴已经没有门板饭了，但是仍旧价格公道物超所值。

杭州城里的"老字号"王润兴所处的地段"浪古典"，老街"颇有特色"。乾隆鱼头"有口皆碑"，价格"便宜"、量又"足"，吃起来"很鲜美"，特别是"压在鱼头下面"的豆腐，"味道都烧进去了"，"别提多好吃"！

资料链接·胡雪岩请洋人吃王润兴

旧时杭州清河四拐角，有一家制作杭帮菜的名店，名叫王润兴。民间传说，乾隆皇帝曾经吃过这家店老板亲做的鱼头豆腐，故又名"皇饭儿"或"王饭儿"。王润兴饭店有两层，楼上是雅座，供应制作精巧的名菜，如木郎豆腐（鱼头豆腐）、咸件儿（煮熟的五花咸肉）、醋熘鲩鱼（与西湖醋鱼相仿）、生爆鳝背、烩虾脑、清汤鱼圆等，楼下供应门板饭（以店门为桌，坐长条凳吃饭）。因为丰俭自选，精巧与大众化结合，不论"红顶商人"与贩夫走卒，皆光顾此店，因此长年车水马龙，把狭窄的小街挤得水泄不通。

创办胡庆馀堂的胡雪岩曾与王润兴老板的先祖有过交往。当时胡雪岩还未发迹时，经常挤在引车卖浆者流中到此吃大众化的门板饭，老板的先祖怜其境遇不佳，常关照柜上伙计，由其吃饭而后记账。后来，胡雪岩得逢左宗棠信任，一时身价百倍，待胡庆馀堂开张时，已是身穿黄马褂的红顶商人了。此人君子不忘其旧，一日来到王润兴饭店，命从人陪其吃门板饭，以重温旧时光景。是日观者如堵，围店几重，欲看新闻。至此，胡雪岩便邀请观看的市民一起登楼入座，命店家每桌烧十大碗荤素佳肴予以招待。胡雪岩对众人说："贫贱之交不可忘，贫贱之交不可忘啊！"胡雪岩是个精于做生意的商人，这举动无疑是为王润兴做了一次精彩的现场广告会。

胡雪岩知恩图报，为了给王润兴饭店捧场，他还别出心裁请了当时杭州两个有名的英国人梅藤更与赫德到王润兴吃饭。梅藤更是杭州英国传教士办的教会医院广济医院的院长（广济医院为今之浙江大学第二附属医院的前身）；赫德是杭州总税务司（相当于税务局局长）。胡雪岩请了这样两个碧眼金发的"中国通"到王润兴吃饭，无疑是当时杭城一大新闻。梅藤更与赫德品尝了王润兴的拿手菜鱼头豆腐、咸件儿、醋熘鲩鱼、生爆鳝背等后，像杭州人一样伸出大拇指称赞，并用杭州话"顶呱呱"来夸奖。

浙江新闻界元老、原《东南日报》名记者黄萍荪的现场报道，使我们得以了解了七八十年前红顶商人胡雪岩与百年老店王润兴饭店结缘的这段传奇性的轶事。

○始创于清·道光二十八年(1848)○

依山傍水楼外楼

说起脍炙人口的杭州名菜西湖醋鱼，人们就会提起座落在孤山南麓的百年老店楼外楼菜馆。楼外楼始创于清代道光二十八年（1848），至今已有160年历史。

楼外楼原址在广化寺与俞楼（著名红学家俞平伯先生祖居）之间，50年代后期，迁至金石学术团体西泠印社之东侧的名店太和园旧址。楼外楼菜馆店名的来历素有两种说法：一种是来源于南宋著名诗人林升《题临安邸》诗中的"山外青山楼外楼"之名句，并久为游人所津津乐道。一种是与西湖醋鱼烹调的来源是一致的，皆与清代晚期国学大师俞曲园（樾）（1821－1907）有关。据俞楼主人俞曲园后裔俞泽民于20世纪后期刊于《杭州日报》的《楼外楼命名的由来》一文介绍曰："白堤西头当时没有酒楼饭店，仰慕俞楼的游人吃饭困难。于是，商人（据说姓洪，为绍兴人洪瑞堂）就在俞楼外侧造了一座酒楼，并仿曲园先生烧煮西湖醋鱼。因酒楼位于俞楼之外，便称为'楼外楼'。为了表明楼外楼与俞楼的关系，借重曲园先生的名望，匾额上的第一个楼字作'樓'的写法，以求与俞楼题眉一致。这就是杭州老资格的菜馆不少，唯独后起的楼外楼成了宋嫂鱼羹正宗嫡传的原因之所在。"前者具有诗情画意，后者则与历史文化名人挂钩，皆充满名馆的文化气息。

旧时的楼外楼是一座两层楼的砖木结构的菜馆，由于年长月久，颇显陈旧，难以适应发展的需要。20世纪70年代初期时，店里准备翻修。1973年9月16日，周总理偕有关人员第九次来楼外楼进餐，当听到这个消息时，总理当即亲切地说："楼外楼菜馆要改建，要照顾整个西湖风景和孤山的环境。房子不要修得太高、太洋，要搞民族形式，要中西结合，要好好设计。"1978年6月楼外楼开始翻建，直到1980年6月才竣工，并于同年7月重新开张。自此，楼外楼的历史揭开了新的一页。新建的楼外楼背山面水，以民族传统建筑的形式，再现于山光水色之中，飞檐翘角，端庄古朴，与周围景观十分和谐协调。门楼上挂着"楼外楼"三字金匾，门厅内设有假山鱼池，放养着待烹的鲜活草鱼，在喷泉碎玉滚珠般的清水之中悠闲嬉耍，别有一番情趣。沿着悬挂式楼梯向上，可至二楼名菜厅。凭栏远眺，湖光山色、三岛情影，盈盈碧波全收眼底，使食客们心旷神怡、尘嚣顿消。楼外楼的传统名菜有西湖醋鱼、宋嫂鱼羹、叫花童鸡、油爆大虾、西湖莼菜汤、蜜汁火方、干炸响铃、鱼头浓汤、虾子鞭笋、兰花春笋、火丁蚕豆、番茄虾仁锅巴等，其中最为有名的菜是西湖醋鱼。此菜名闻遐迩，是江南有名的鱼肴珍品，向来为中外游客所津津乐道。其来历，可以远溯至南宋绍兴年间。当时金兵入侵，汴梁（开封）人宋五嫂在小康王赵构南渡时，随众来杭。为了谋生，在钱塘门外今之西湖少年宫一带开了一家小酒店，用西湖草鱼代替黄河鲤鱼烹制鱼羹飨客。一次，赵构微服出访，品尝了宋五嫂的河南风味的鱼羹后，勾起无限相思。临走时，赵构格外多给了银两，一时传为都城佳话。宋五嫂的鱼羹也就成为当时杭州的一道名菜。南宋灌圃耐得翁的《都城纪胜》一书所列的"都下市肆名家驰誉者"内，便有"钱塘门外宋五嫂鱼羹"一款记载。明人田汝成所著《西湖游览志余》一书，对此事记载最为详实。后人有诗写道："一碗鱼羹值几钱，旧京遗制动天颜。时人倍价来争市，半买君恩半买鲜。"清代的宋嫂鱼羹，已演化为瓦块鱼加点糖醋调料而已。清人梁绍壬在《两般秋雨庵随笔》一书中说："西湖醋熘鱼，相传是宋五嫂遗制，近则用料简涩，直不见佳处。"一直到清代晚年，杭州西湖涌金门有一家"五柳居"菜馆，在配料上下工夫，加以火腿丝等高档作料制作，易名为"五柳鱼"，才使这道历史名菜恢复了身价，于是各家菜馆纷纷效仿。当时有人写诗道："小泊湖边五柳居，当筵举网得鲜鱼。味酸最爱银刀鲙，河鲤河鲂总不如。"但对楼外楼西湖醋鱼定型直接产生影响的却是俞楼主人俞曲园（俞樾）先生。"曲园先生来杭居住时……常以从河南学来的宋嫂鱼羹待客，渔歌樵唱，溢于湖上……置酒湖楼，习以为常"，又由于"中州鱼羹多用黄河金鲤，而江浙鲤鱼不及河鲤肥嫩，曲园先生改用西湖鲲鱼（草鱼），兼取宋嫂鱼和德清人（曲园先生原籍浙江德清）做鱼的方法，烧煮西湖醋鱼，受到宾客盛赞。《春在堂全集》二五六卷内载诗：'宋嫂鱼羹好，城中客未尝。况谈溪与涧，何处白云乡。'诗后自注说：'西湖醋鱼相传宋嫂遗制，余湖楼每以供客……皆云未知有此味。'"（《俞泽民：楼外楼命名的由来》）。其后，市肆仿曲园先生之法烧制西湖醋鱼，遂成杭州一绝。但楼外楼西湖醋鱼制作工艺的基本

西湖醋鱼

楼外楼传统名菜之

古代有人吃了这个菜，诗兴大发，在菜馆墙壁上写了一首诗："裙屐联翩买醉来，绿杨影里上楼台。门前多少游湖艇，半自三潭印月回。何必归寻张翰鲈（誉西湖醋鱼胜过味美适口的松江鲈鱼），鱼美风味说西湖。亏君有此调和手，识得当年宋嫂无。"诗的最后一句，指的就是"西湖醋鱼"创制传说。

宋嫂鱼羹

楼外楼传统名菜之

此菜为浙江传统名菜，从南宋流传至今，是用鳜鱼或鲈鱼蒸熟取肉拨碎，添加配料烩制而成的羹菜，因其形味均似烩蟹羹菜，又称赛蟹羹。其特点是色泽黄亮，鲜嫩滑润。

杭州老字号系列丛书

美食篇

053

叫花童鸡
楼外楼传统名菜之

据传，古时由于封建王朝战乱暴政，不少百姓家破人亡，沦为乞丐。一天有个流落到江南的叫花子，在饥寒交迫中昏倒，难友为他搞来一只小母鸡。可苦于没有炊具，急难中，便仿效烤红薯的方法，用烂泥把鸡包起来，放入篝火中用柴草煨烤泥团，使其成熟，意外地发觉此鸡异香扑鼻，十分好吃。从此，这一别致的煨烤法便传开了。楼外楼厨师吸取其做法不断加以改进，采用嫩鸡、绍酒、西湖荷叶、腹中填料，进行精细加工，使其成为人们喜欢的楼外楼传统名菜。

龙井虾仁
楼外楼传统名菜之

据传，人们创制出"龙井虾仁"，可能受到宋代做过杭州地方官的著名文学家苏东坡一首词的启发。苏东坡调到密州（今山东诸城）时，作的《望江南》中有一句："休对故人思故国，且将新火试新茶，诗酒趁年华。"旧时，有寒食节不举火的风俗，节后举火称新火。这个时候采摘的茶叶，正是"明前"（寒食后第二日是清明节），属龙井茶中的最佳品。人们从苏东坡的词联想到这个季节中的时鲜河虾，于是以新火烹制了"龙井虾仁"，经尝试味极鲜美，又突出表现了杭州的风味特色，遂从此保留流传下来。

杭州老字号系列丛书　美食篇

东坡肉

楼外楼传统名菜之

　　宋朝苏东坡（1036－1101），唐宋八大家之一，作词与辛弃疾并为双绝，书法与绘画也都独步一时。在烹调艺术上，他也有一手。当他被贬到杭州时，常常下厨烧菜与友人品味。苏东坡的烹调，以红烧肉最为拿手。他曾作诗描述："慢著火，少著水，火候足时它自美。"不过，烧制出被人们用他的名字命名的"东坡肉"，传说还是他第二次回杭州做地方官时发生的一件趣事。

　　当时，苏东坡为地方办了一件大好事，老百姓听说他喜欢吃红烧肉，到了春节，他们都给他送来猪肉，以表示自己的心意。苏东坡收到那么多的猪肉，觉得应该同数万疏浚西湖的民工共享才对，就叫家人把肉切成方块，用他的烹调方法烧制，连酒一起，按照民工花名册分送到每家每户。他的家人在烧制时，把"连酒一起送"领会成"连酒一起烧"，结果烧制出来的红烧肉，更加香酥味美，食者盛赞苏东坡送来的肉烧法别致，可口好吃。众口赞扬，趣闻传开，当时向苏东坡求师就教的人中，除了来学书法的、学写文章的外，也有人来学烧"东坡肉"的。

定型，是20世纪30年代杭州举办西湖博览会后。当时楼外楼著名厨师阿文（李）阿惠，根据游客意见，大胆地将沿袭多年的瓦块鱼改成全鱼烹制。另外，在楼前西湖内，设大竹篓活养鳜鱼，使之吐尽泥气、净化肠道，以求烧制时风味更佳。活杀现烹保持鲜度，口感自然不同。这种注重原料鲜活的特色，一直保留到现在。特别是近几十年来，西湖醋鱼经楼外楼各代名厨的刻意改进，特色更加突出，风味更加诱人。此菜烧好后，色泽鲜艳红亮，双鳍自然翘起，两眼洁白微突，食来肉质鲜美，宛如蟹肉，加之酸甜鲜合一，使人齿舌留香，难以忘怀。因此，中外宾客来杭州游览西湖，都以一登楼外楼品尝西湖醋鱼为一快心之事。故有人写诗赞道："裙屐联翩买醉来，绿杨影里上楼台。门

杭州老字号系列丛书

美食篇

■周恩来总理九临楼外楼，对生活上细微之处十分认真，严于律己、廉洁奉公的美德，给杭州市民留下了深刻的印象。
1957年3月，周恩来总理在楼外楼接待捷克斯洛伐克总理威廉·西罗基。（上图）

■1960年12月，周恩来、贺龙与著名京剧艺术家盖叫天在楼外楼亲切交谈。（右图）

楼外楼

名人聚名楼

■鲁迅　原名周树人，字豫才，浙江绍兴人。现代伟大的文学家和翻译家，新文学运动的奠基人。1928年7月，鲁迅偕许广平赴杭游览西湖名胜古迹，两次与著名作家川岛（张廷谦）、许钦文等人登楼外楼用餐。后川岛著书写下《忆鲁迅先生一九二八年杭州之游》一文，详细地写下他们一起游杭州的全部经历。

■郁达夫　著名现代作家，1935年7月他在楼外楼作诗《乙亥夏日楼外楼坐雨》：楼外楼头雨似酥，淡妆西子比西湖。江山也要文人捧，堤柳而今尚姓苏。该诗后于1935年7月20日由杭州《东南日报·沙发》刊登。（左上图）

■梅兰芳　著名京剧表演艺术家。1956年10月来杭演出，在楼外楼宴请省市文艺界人士，梅兰芳还亲笔手书了《游西湖有感》。（右上图）

杭州老字号系列丛书　美食篇

前多少游湖艇，半自三潭印月还。何处归寻张翰鲈，鱼美风味说西湖。亏君有此调和手，识得当年宋嫂无?"

楼外楼的菜肴总的风味，以体现杭菜"湖上帮"的特色为主，即注重用鲜活鱼虾及时鲜蔬菜入肴，也采用其他高档材料，形成自己固有的特色。

曾到"楼外楼"就餐的名人不可胜计，如孙中山、蒋介石夫妇、章太炎、鲁迅夫妇、柳亚子、竺可桢、李叔同、蒋经国夫妇、宋子文、黄绍竑、汤恩伯、等等，又由于楼外楼毗邻国内唯一的金石学术研究团体——西泠印社，文人墨客以文会友，皆来楼外楼雅集用膳。在酒酣兴起时，往往乘兴挥毫泼墨，留下字画。著名学者马寅初、许宝驹、费孝通；书画金石大师吴昌硕；著名书画家丰子恺、潘天寿、黄宾虹、赵朴初、沙孟海、吴湖帆、唐云、启功、沈鹏等，都曾为楼外楼题诗作画。新中国成立后，楼外楼转为国营企业，曾先后接待过柬埔寨贵宾西哈努克亲王夫妇一行和捷克总理、意大利总统等外国元首与政府首脑、各国著名人士。周总理曾九次亲临楼外楼宴请国宾，留下许多美谈佳话。其他如陈毅、贺龙元帅等，也曾多次到楼外楼品尝杭州名菜。

近10年来，随着改革开放和旅游事业的发展，楼外楼对内部设施进行了新的装修，并添设了一些档次较高的包厢。除了进一步完善菜馆本身的条件外，还购置了一艘画舫"环碧号"作为水上餐厅，供应"乾隆船宴"，以飨有特殊需要的食客。除了对菜馆的"硬件"作了调整与改善，楼外楼还注重弘扬饮食文化色彩，多次举办饮食文化研讨会，挖掘与创新了怪味脆皮鱼、酒酿大虾、元鱼煨鸡、八宝满口香、海鲜西蛋羹、鲍鱼加肥鸭、柠檬牛柳、蒜香烤白鲜、脆熘鳝卷、叠罗汉等新十大名菜，发展以餐饮业为龙头的多元化集团经营道路。现在楼外楼年营业总收入名列杭城大饭店前列。

楼外楼，杭城有名的百年老店，在今日越来越焕发出青春的光辉，它像一颗璀璨的明珠镶嵌在西湖孤山南麓的湖光山色之中，为南宋古都增光添彩，也为西湖美景锦上添花。

资料链接·杭州的八宝豆腐

以豆腐入馔，做成各种名菜，在古籍中屡见不鲜。其中有普通百姓皆能烹制的一般豆腐菜，也有被视为珍馐美食的宫廷御膳。在历代众多的豆腐菜中，最显贵而又最富于传奇色彩的当首推杭州名菜八宝豆腐。多少年来，八宝豆腐赢得了海内外美食家们的普遍赞叹，周恩来总理当年在杭州宴请金日成主席时，餐桌上就有一味八宝豆腐。

说起八宝豆腐的来历，宋牧仲即宋荦《西陂类稿》一书记载：当他七十七岁在江苏巡抚任上时，康熙南巡路过江苏，宋牧仲专程去离苏州二十多公里的吴江县迎接。康熙见如此高龄的老臣，忠心一片，一时高兴便破格赐给御膳中他最为喜爱的八宝豆腐的制法，可见此豆腐菜实非凡品。宋牧仲先后在两书中记载了这件美事，叹息地说"惜此法不传于外"，他亦不敢私下将此法传送出去。

同时受康熙帝恩赐豆腐方的，还有江苏人尚书涂健庵。他奉命去御膳房取配方时，管事太监却大敲竹杠，要一千两银子才给。涂健庵没办法，只好照付。涂健庵比较开明，将此方传给了得意门生王楼村。王楼村又传给了子孙，到乾隆年间，方子已在其孙王太守孟亭手中。当时，杭州著名的诗人、美食家袁枚到王孟亭太守家做客，品尝了此一美味的豆腐菜后，赞不绝口，便询问了配方，将它收进了《随园食单》一书，称之为《王太守八宝豆腐》。

然而，今日杭州之名菜八宝豆腐，系杭州历代厨师经再创造而产生，风味更佳。它以海参末、虾米末、水发香菇末、熟火腿末、熟鸡肉末、瓜子仁、松子仁、核桃仁末及鸡汤、蛋清、炼乳、湿淀粉等精烩制成。此菜烧好后，色泽悦目，清鲜滑嫩，风味迥异，营养丰富，特别适宜老年人及病弱妇幼者食用，具有养生健体功效，为豆腐菜中的精品。

杭州老字号系列丛书

美食篇

■章太炎像及部分作品

资料链接 · 章太炎以书画付楼外楼食账

　　20世纪20年代末，国学大师章太炎流寓"十里洋场"的上海滩，以出卖书法作品为生，生活过得异常艰难。这年春天，他应杭州两湖四大丛林之一的昭庆寺方丈之邀请，与夫人汤国梨、门生陈存仁（后为上海名医）到昭庆寺做客。寺内虽然招待热情，但平时供奉的都是禅门素食，尽管制作精美，但久食总有点风味雷同之感。一日天气晴朗，章太炎信步出寺门向西走去，来到百年老店楼外楼饮酒解闷。楼外楼老板见到这位举世闻名的学界泰斗光临饭店，异常兴奋，马上亲自将他迎到楼上雅座。老板亲奉菜单，请章点菜。章看了一下，点了三款杭州名菜：醋熘鱼、东坡肉、蜜汁火方。老板见了忙说："大师太节俭了，这菜是不够吃的。"便自作主张又增添了一些名菜一起上桌。章视同未见，只管享用。吃完后章看到旁边餐桌上已经放好的文房四宝，便起身问老板要写点啥？老板说："只求墨宝，任凭大师挥笔。"章太炎不假思索，便在宣纸上写下了民族英雄张苍水在杭州官巷口就义时所留下的绝命诗一首。

　　章正挥笔洒墨时，恰逢杭州市长周象贤陪同蒋介石夫妻上楼吃饭。当时楼上没有其他顾客，蒋氏等人便临窗而坐，边观景边进餐。食毕临走时，周在蒋耳边轻声说："那边在写字的，就是章太炎先生。"蒋听说后，主动过去招呼："太炎先生，你好吗？"章太炎仍管自己写字，说："浪好，浪好！"蒋又问他近来生活过得怎样？章莞尔一笑，说："靠一支笔骗饭吃！"蒋好意地说："我送你回府，你在杭州有什么事可关照象贤，他会替你办。"章连忙说："用不着，用不着！"并拒绝坐车回去。蒋不便坚持，便将自己的手杖送给章作留念，章没有再拒绝，并对手杖表示满意，拿在手中和蒋一行握手点头，示谢作别。

　　后来民间传说，楼外楼老板将章太炎的墨宝，卖了200银元。几经沧桑，不知现在此一章氏真迹流传到何处去了！

　　此一逸闻，由知情的长者张令澳先生记录下来，流传后世，成为研究章氏生平的重要的史料之一，品尝美食，以书法付账，亦成为杭州饮食文化史上风趣的雅事之一。

　　■2006年12月，在北京饭店由商务部再次重新认定杭州楼外楼实业有限公司为首批"中华老字号"，证书编号：11020。

○始创于清·同治六年(1867)○

江南面王奎元馆

奎元馆面店坐落在杭城最繁华的官巷口西北首,一座深灰色三层建筑物的门楣上有"奎元馆"三个金字。这家店开创于清代同治六年(1867),距今已有140年历史。原址在杭州鼓楼附近的望仙桥边,1911年迁至中山中路三元坊路口,1958年迁到现址。创办人系安徽籍人士,姓名现已无可考证。该店虽几经搬迁、几易其主,但其经营面条的业务始终未变,且以历史长、规模大、特色鲜明而饮誉海内外。

20世纪40年代后期，奎元馆已颇具名气，四海游客中广泛流传着一句口头禅："到杭州不吃奎元馆的面，等于没有游过杭州。"

　　说起奎元馆店名的来历，还有一段有趣的传说。清同治六年(1867)，有安徽人士在原址开了家徽州面馆，无甚名气。一天，一个外地穷秀才来杭城赶考，进店要了一碗清汤面，老板怜其贫寒，特意在面中加了三只囫囵蛋，暗含"连中三元"之意。过后，老板也忘了此事。某日，一位衣饰华丽的年轻人走进店堂，落座后只要碗清汤面，老板正在疑惑，吃客接着说："面中放三只囫囵蛋。"老板闻声大悟，连连作揖庆贺："恭喜相公高中"，忙置酒款待并请赐墨宝留念。秀才沉思片刻，即题赠"魁元馆"三字招牌，从此声名大振，生意日见兴隆。后有一任老板嫌"魁"字有鬼旁改为"奎"字，一直沿用至今。

　　小面铺有了进士亲笔题的招牌，再经绅士、名流一捧场，很快便蜚声杭城，生意日益兴隆。每逢省城大比之年，望仙桥一带更是车水马龙，奎元馆几乎成了考生必到之地。

　　由于众多原因，奎元馆在历史上曾先后几易其主，到了民国初年，宁波人李山林在经营奎元馆时，引进了家乡风味，用水产品做面的浇头，味道鲜美可口，深得讲究口味的杭州人欢迎，奎元馆遂渐由徽州面馆转为宁式面店。1926年，李山林以8000铜钱将店的生财盘给了伙计章顺宝。后来章年事渐高，于1934年将店务交给女婿陈秀桃经营，固定资产达到1000银元，是盘店时的300多倍。当时正是杭州各种风味菜点定型出名之时，奎元馆的宁式大面此时也崭露头角，生意越做越大，拳头产品——虾爆鳝面，自20世纪40年代起逐渐成为杭城百面之冠。

　　从历史上说，南宋时，杭州的名菜中就已经有了黄鱼与黄鳝合做的石首鳝生、虾与鳝一起做的虾玉鳝辣羹及其他多种多样以鲜虾和黄鳝为主料的名菜（见《梦粱录》）。而宁式风味中，又更多地采用水产品制成面点，如爆鳝面、鳝丝面、黄鱼面，等等。1942年，第六代店主陈桂芳掌管店务时，店里掌

■奎元馆特色面点

勺莫金生擅制虾爆鳝面，后来被人们称为"虾爆鳝大王"。

奎元馆制作虾爆鳝面，十分讲究原料的上乘与烹调技艺的合理：黄鳝买不大不小的，一斤在五六条之间，先养在缸里，不断换水，吐净泥土气，净化血液，收紧肌肉，到用时活杀拆骨现烹；虾仁要求是鲜活河虾，500克在120只上下，挤壳后在清水中漂净，保持鲜嫩可口；不用冰镇海虾。面粉用无锡产头号面粉，面条用人工擀制，要求碱性适中，软硬合适，富有韧性。烹制时，鳝片

杭州老字号系列丛书

美食篇

用菜油或花生油爆，虾仁用猪油炒，面条烧好还要用小车麻油浇。火功、作料、时间掌握都有严格规定，鳝片要烧得鲜美清口，再用鳝片虾仁汁滚面，让鲜味渗入面条中，而又要使面条不发胀。此面烧成后，鳝片黄亮如金，香脆爽口；虾仁洁白如玉，清鲜滑嫩；面条柔滑透鲜，味浓宜人。金黄的鳝片与玉白的虾仁辉映，色泽鲜艳，其色使人食欲为之大开；素油爆的鳝片、猪油炒的虾仁、麻油浇的面条，把鳝、虾、面的香味完全有机地融和在一起，使人垂涎欲滴；吃在嘴里，品在舌上，鲜香脆嫩，色、香、味、形、四美兼之，其味足以让南北食客叫绝。长条金褐色的鳝片在面周排列有致，珠形雪白的虾仁簇拥面顶中心，新鲜翠绿的蒜叶飘逸其上，再配以青花名瓷盛装，典雅且隽永。目观、鼻嗅、舌辨，都得到了舒心的享受与满足，哪能不吸引人呢?故杭州人有俗话道："到杭州不吃虾爆鳝面，等于没有到过杭州。"人们把奎元馆的虾爆鳝面与杭州挂起钩来，可见此面影响之深远。

旧时，许多国内知名人士，如李济深、蔡廷锴、蒋经国、陈叔通、马寅初、竺可桢、梅兰芳、盖叫天、周璇等都曾慕名而来品尝奎元馆的面，无不誉为天下美味面食。1945年，八年抗战胜利后，国民党第十九路军军长蔡廷锴偕同李济深先生来杭州，曾同往奎元馆吃有名的宁式大面虾黄鱼面。蔡将军兴奋之余，当场挥毫写下"东南独创"四字，后制成相框，挂在堂上，惜在十年浩劫中被毁（见阿蒙、文松《蔡廷锴与奎元馆》），旅居西欧、日本、马来西亚的归国华侨也经常来此品尝。丹麦春卷大王、杭州人范岁久，特别爱吃虾爆鳝面。一衣带水东邻日本的同行——东京银座亚寿多大酒楼的客人们，对虾爆鳝面的精工制作和美味更是赞叹不已。

不仅奎元馆的虾爆鳝面名闻遐迩，脍炙人口，它的服务方式也有独特的一招：客人在吃面时如果要喝酒，不必另外掏腰包炒菜，只要开票时说：要"过桥"即可，厨师便会把鳝片和虾仁增加数量爆炒，另装一小盘供吃客下酒，另用鳝片和虾仁的汁水滚面，面条仍有虾爆鳝的风味。这所谓"过桥"，就是在面与酒之间搭了一座"桥"，一座便民的经济实惠的特殊的服务方式之

杭州老字号系列丛书

美食篇

杭州老字号系列丛书

美食篇

"桥"。据了解，我国各地并无此种特殊的面点服务方式，仅杭州宁式面店中独有，乃饮食园圃中的一朵"奇葩"。翻阅地方志书可知，奎元馆的"过桥"服务方式，其实是杭州传统的饮食服务特色，清末民初洪如嵩所著的《杭俗遗风补辑》一书中，已有明确记载，可见奎元馆善于继承优秀的历史传统，用之为民众服务。

历史上，奎元馆供应的花式面品种很多，除虾爆鳝面和片儿川面外，还按不同季节供应时鲜之面，如春天供应步鱼面、雪笋面；夏天供应虾黄鱼面；秋天供应蟹黄面；冬天供应小羊面（杭州传统名面）和羊蹄面；其他还有三鲜面、虾腰面、火腿面、虾火面、肉丝面、肉丝炒面、阳春面、沃面、发皮面，等等。凡店家及居民要吃面，电话告知店里即派人送面上门，可以现付，也可以记账；营业时间从早上5点开始直到深夜戏院散场，食客随到随烧，其服务方式及态度确实令人赞赏不已。

建国后，杭城百业兴旺，古老的奎元馆也发生了巨大的变化。店址从官巷口四拐角的南面迁到路口的西北角，新建了一千两百余平方米的大楼。此楼共为三层：第三层为办公室；第二层设东、西餐厅，其中东餐厅内设以接待外宾和侨胞为主的高级空调包厢，供应面点及各种杭帮风味佳肴；第一层亦分东西两部分，供应各种京杭大菜及宁式面点，各种面条品种不下百种之多。由于店面宽敞，一次可接纳食客百余人，为当时国内规模最大的专业性面馆。

80年代初，我国著名书画家程十发来"奎元馆"品味，吃了虾爆鳝面后，欣然提笔写下了"江南面王"匾额，如今仍悬挂在店内楼梯口熠熠生辉。

1996年，香港著名武侠小说家金庸（查良镛）先生，在杭州留下了半年内"三顾奎元馆"的佳话。11月初，金庸来杭参加云松书舍捐赠仪式，先生慕名来到奎元馆，特级技师、总经理朱兴安为他安排了一桌颇具特色的面宴。除了迎客总盆"松鹤延年"以及八个冷菜围碟外，安排了八道面食。第一道面名叫"贝松螺纹面"，是意大利式炒面，接着是应时面点——金秋蟹黄面、三元甲鱼面、财运鲍鱼面、番虾蝴蝶面、西湖鳜鱼面、雪菜冬笋面、虾仁爆鳝面。客人们一致称赞"奎元馆真不愧是江南面王"，金庸先生即时兴起，在留言簿上写下了"杭州奎元馆，面点天下冠"的题词。

时隔一日，金庸与夫人、儿女等又突然来到奎元馆。坐定后告诉服务员："什么菜也不要，就是要吃面。"朱兴安总经理为他们选定了虾仁爆鳝面。吃完以后，金庸夫人提出要吃葱油拌面，厨房随即动手现拌。先生捧着葱油拌面，对服务小姐说："好香呀，已经长久没闻到这种香味了！"餐后他们分别与店领导和服务小姐合影留念。金庸握着朱兴安总经理的手，连连说：还要再来的！

果然，在他应邀参加浙江大学百年校庆庆典后，又抽空和家人到奎元馆大快朵颐。金庸一行到奎元馆后，还是点了虾爆鳝面，吃后对面的韧、滑、鲜美赞不绝口，并透露道，他50年前曾光顾过奎元馆，对其面的鲜美一直不能忘怀。这次他又欣然题词："奎元馆老店，驰名百卅载。我曾尝美味，不变五十年。"

随着经济的开发和旅游事业的发展，奎元馆的管理人员中也增加了不少中专、中技专业毕业的新生力量，面馆的发展正经历着更高层次的变化。近几年来，该店不断开发新品种，推出新制面点150余种。如专门为寿筵设计的"金玉满堂面（又名大富大贵面）"，为贵宾设计的"蟹王鱼翅面"等，也有适合

■上图 1996年11月4日金庸先生（前中）一行光临奎元馆，并与本店领导一起合影留念。
■下左 1996年11月4日金庸先生在奎和厅用餐后为本店题词"杭州奎元馆，面点天下冠"。
■下右 1996年11月6日金庸先生再次光临本店。

李济深

梅兰芳

蒋经国

盖叫天

陈叔通

竺可桢

名人与奎元馆

■1945年，八年抗战胜利后，国民党第十九路军军长蔡廷锴同李济深来杭州，曾同往奎元馆品尝有名的虾黄鱼面；

■20世纪40年代，蒋经国和家人到奎元馆品尝面条；

■著名京剧大师盖叫天曾到奎元馆吃面；

■全国人大副委员长陈叔通曾到奎元馆吃面；

■1995年，国立浙江大学校长竺可桢在奎元馆吃面；

■20世纪30、40年代，京剧大师梅兰芳多次来杭州演出，每次演出结束后都要到奎元馆吃面，对奎元馆的面赞不绝口。

工薪阶层的红油八宝面、蔬汁凉拌面、翅汤五彩面、葱油面、青椒面等。奎元馆还规定：对70岁以上的"寿星"来办寿筵，按标准价至少优惠100元；80岁以上可以打6折；90岁以上对折收费；百岁寿翁奉送高级寿宴一席。

每年金秋时节，奎元馆还特别推出"金秋十大面"系列，有金秋蟹黄面、蟹黄蹄筋面、龟鹤同春面、香菜牛肉面、罗汉素烩面、桂花鸡块面、海鲜四宝面、西芹鱼饺面、蟹黄鸡仔面、白玉乌参面等，除此之外，高中低档兼顾，适合不同消费层次的需求。

奎元馆在提高服务质量上不断推出新措施。某年，家住杭州长寿路的王老太太迎来了81岁的生日。王老太太数年前曾患中风，行动不便。她的家人从报纸上看到百年老店奎元馆有为老年人或行动不便的顾客上门服务的项目，便给他们打了一个电话。奎元馆总经理朱兴安接到电话后，就把为王老太太上门送寿面作为店庆活动的一个内容。他派厨师和服务员将一碗以"福禄长寿"为名的大碗面送到老太太家中。老太太喜出望外，高兴地说："我活了这么大的年纪，这么大这么好的生日面还是第一回看到！"

2003年2月，奎元馆在文晖路开出新店，店面达2000平方米。新店着力于建成综合性面馆，加重了菜肴供应的比例，推出了以杭帮菜为轴心、外帮菜为外延，包括鲍翅燕参在内的新款菜肴80多款。

2004年10月，奎元馆又对老店进行了装修，店面以浅咖啡色为主色调，餐厅选用青砖装饰护墙，完全体现了仿古与现代相统一的装修风格。店门上则挂着著名书法家沙孟海先生题写的"奎元馆"金字招牌，两旁有耄耋老人朱德源书写的对联："三碗二碗碗碗如意，万条千条条条顺心"，充分展现了百年老字号深厚的文化底蕴。

奎元馆新一代的员工在现任总经理王政宏的带领下，决心以更好的质量和更高的服务水准，让"江南面王"的金字招牌永远熠熠闪光。

资料链接·金玉辉映虾爆鳝

杭州的著名面店奎元馆，久有两张王牌，一曰"片儿川"，一曰"虾爆鳝"。如今，片儿川早已被人取代，遍城皆有，名声倒地，唯虾爆鳝独撑店面，名不虚传，已领风骚七十年。虽然，这碗面价格昂贵，低则三元九，高则七元五（上世纪八、九十年代价），然食客如云，四季不绝。

虾，谁没吃过？黄鳝，也很普通；面条，就不用说了，这些寻常百姓家均不难采购到的东西，何以百年老店能够寻常中爆出不平常？这是耐人寻味的。食前，杨经理带我们先参观厨下的原料间。嘿，六口大缸，尽养黄鳝，数量多时，储九千斤哩。一位赤膊老人，姓许，在此专养黄鳝三十年了，他拔开缸下的塞子放水，然后再将冷却在池子里的清水，汩汩引入鳝缸。天太热，鳝缸每日换水三四次。电风扇廿四小时不停。那来自泥府洞穴的活宝们，水满了会淹死，水浅了会干死，还真难伺候。然而，这不为人知的六口缸，正是人类饮食文化从"饱啖一顿"到讲究"美味"的一大标志，就像写文章，有了素材，还必须对它进行一定时间的酝酿、思虑，去粗取精，弃伪存真，有所选择的道理一样，奎元馆里的黄鳝，须用清水漂养三四天，甚至一星期，使之泥气吐尽，血液净化，肌肉收紧，蛋白质比例增高，方可活宰。此其一。其二，现宰现烧，不放冰箱。其三，只挑二两至二两半的中壮活泼者为料。斤把重的，嫌粗，木乎乎，不惜剔开。

参观完毕，上楼品尝，我们方知美学之美起源于食的真理。名厨师，识字未必很多，但却是真正的艺术家，同样需要文化创造的激情和想象力。你瞧，杭嘉湖平原上节肢与爬行两种低等动物，经他一烹，蜕化精变，金条玉粒，富贵华丽，排列有序，覆盖面上，闻之感水乡风情，思之觉幸福吉祥，颇有意境。这意味形与色，就是美的创造。为达此目的，荤油爆虾，以求白净；素油爆鳝，以求金黄；二者复合，再浇麻油，使之合中有分，分中有

■奎元馆豪华包厢

合；食虾，虾沾鳝味仍是虾；食鳝，鳝沾虾味仍是鳝，那自制的富有韧劲的面条，出锅前，就有鳝汁烧进去了。这样，浇头与面条，既是盖，又是化，完全化合为有机统一体了，真好比欣赏京剧名伶的念、唱、做，三功俱佳，错落跌宕，又风格统一，韵味隽永。

俗言道："好食莫给饱肚吃"，而我们喝饱了啤酒再尝虾爆鳝面，还是个个吃得津津有味，碗底朝天。并且相信："欲尝虾爆鳝，须登奎元馆。不登奎元馆，吃了也不算！"

杭州老字号系列丛书

美食篇

■国民党十九路军副总指挥，抗日英雄蔡廷锴

资料链接·蔡廷锴题词奎元馆

杭城由于近海，时常能吃到新鲜的海产品，如黄鱼等。旧时杭城面馆，有一款用时鲜制作的虾黄鱼面问世，鲜美异常，名闻遐迩。

1945年，抗日战争胜利的最后一天，一辆轿车在奎元馆面店的门口缓慢地停下，从司机座旁走下一个束皮带的军人，拉开了车门。这时从车中下来一老一壮两个人。老者个子较矮，玉绺银须，壮者威武英俊，身材挺拔。两人并肩进入面店，说是要尝鲜。

店主见来者非同寻常，便热情接待。原来老者是国民党元老（建国后任中央人民政府副主席的）李济深先生；壮者是国民党十九路军副总指挥、抗日英雄（建国后任国防委员会副主席的）蔡廷锴将军。敬慕之下，店主请两人入座雅座，给他们递上热毛巾，又命厨房精制以时鲜烹制的虾黄鱼面。这虾黄鱼面，黄鱼肉采用冰鲜的大黄鱼中段，虾子取自活虾，两鲜结合，经精心烹制并配以自制的、筋道的面条，色香味形一应俱全，再配以越州青花瓷盛装，美食美器，真个使人馋涎欲滴。蔡将军与李老品尝后赞不绝口。兴奋之下，蔡将军当场挥毫写下"东南独创"四个苍健有力的大字。

奎元馆老板等两位名人走后，当即命伙计将蔡的题词送裱画店精裱，并配以高档的镜框，悬挂在大堂之上。消息不胫而走，食客慕名而来，店里生意骤然兴旺起来。

奎元馆老板发了大财，对此题词自然格外珍惜，视同传家之宝，并经常嘱咐子孙们要妥善保存。惜十年浩劫时，此一珍贵题词被毁，至为可惜，令人叹息不已。

资料链接·奎元馆的面食

奎元馆经营的面食品种达百种之多，但最负盛名的要数片儿川面和虾爆鳝面。奎元馆的面称作"坐面"，选用无锡头号面粉，由专人制作，用手工擀上劲后，还得垫上一根碗口粗、9尺长的竹杠，再用人工坐研半个小时左右，每30斤面粉打成8尺宽、7尺长的面皮，可切成3分左右的面条。"坐面"烧而不糊，韧而滑口，吃起来有"筋骨"，面料配制也十分讲究。片儿川配料相传是从宋朝诗人苏东坡在杭州做地方官时所写的"无肉令人瘦，无笋令人俗"之句得到启示而来的。它以新鲜猪腿肉、时鲜竹笋、绿嫩雪菜作为原料，当一碗热气腾腾的片儿川端上餐桌时，只见肉红、笋白、菜绿，色泽分明，引人食欲。难怪后人常言："有笋有肉不瘦不俗，雪菜烧面神仙口福"。

○始创于清·同治十年(1871)○

百年老店状元馆

杭州人喜欢吃面，其源远流长的历史可以追溯到七八百年前的南宋时期。直到近代，杭州还有诸多有名的面店，如六聚馆、老聚胜、奎元馆、浙一馆、聚水馆、状元馆，等等，许多名人光顾这些名店的轶事，一直为市井津津乐道，它们的名气也就口碑相传，家喻户晓。但能延续到今天的老字号面馆，仅只有奎元馆与状元馆两家了。奎元馆店大名气大，状元馆规模稍小一些都以货真价实、讲究诚信，牢牢地站稳了脚跟。

说起状元馆，它已经有137年的历史。清同治十年（1871），一个名叫王尚荣的宁波人在杭州盐桥边开设了一家宁式面馆，此店以烧制各式宁式汤面为主，亦经营酒菜，因清代的科举考场——贡院离此不远，许多考生常来此店用餐。王尚荣为了迎合考生求吉利、求功名的心理，在店内专设楼座，并将二楼取名为"状元楼"，因此深得众多考生好感，生意越做越兴旺。

　　当时杭城大小面店星罗棋布，竞争剧烈，王尚荣为了招徕顾客，除了讲究选料精细、烹调得当、接待热情外，特别注重服务周道。如附近商号、居民要面、要酒菜，均派学徒送货上门，不论风雨下雪或生意大小，都不另收费用。送面及送酒菜的有盖提篮中，可装八碗，每碗都加盖白铁罩子，以起保温作用，另备胡椒粉，任客取用。对于上门的顾客入座后，跑堂（旧时服务员之称）马上端上热茶一杯，之后又送上热毛巾供擦脸擦手，然后再放上杯筷小碟。如果顾客不熟悉情况，跑堂会立马根据顾客的口味爱好及年龄，推荐最佳烩面及酒菜，以满足需求。王尚荣的状元馆，由于重视面菜质量，又重视服务质量，生意越做越兴隆。自开设至清宣统年间，先后将近四十年，始终兴旺不衰。后来，王尚荣年事渐高，精力不足，便将店务交外孙王凤春打理。王凤春12岁进状元馆当学徒，勤勤恳恳学艺，学得一套炉台、面板好功夫。清宣统三年（1911），王凤春将状元馆迁至日趋热闹的望仙桥直街板儿巷口营业，因新店为平房，故将状元楼改称"状元馆"。

　　辛亥革命推翻清皇朝后，清河坊及望仙桥河下一带百业逐渐繁荣，似乎重演了南宋时期的盛况，鳞次栉比的商铺、商行、货栈、交易会所日益密集、兴盛，作为饮食服务业的状元馆在这大好的商机中，也如鱼得水。王凤春凭着他高超的技艺及管理手段，又使状元馆兴旺了二十余年。

　　不幸的是，日寇侵华，渐逼杭城，使得各行各业的生意均衰败停顿，在这样的形势下，王凤春只好忍痛关闭了状元馆。1938年，处于敌伪统治下的杭城各行各业为了求得生存，只好陆续开门营业。王凤春之子王金奎便将状元馆从望仙桥直街板儿巷口，迁至商店更为集中的中山中路清河坊地段营业，虽然店面狭窄，

杭州老字号系列丛书美食篇

但传统的烹饪与服务特色不变，并有所发扬广大，故到抗日战争胜利之后，新老顾客不断登门，名气越做越响亮，可谓门庭若市，进入了状元馆的鼎盛时期。

建国后，状元馆进一步发展和丰富了宁帮面菜，除有名的虾爆鳝面外，还有爆鳝面、黄鱼面、羊肉面、虾腰面、虾火面、肉丝拌川，等等，菜则取时令鲜货烹制，有名的有虾爆鳝片、大汤黄鱼、冰糖甲鱼、春笋步鱼、锅烧河鳗等，皆深受消费者喜爱。

1956年，状元馆历经王尚荣、王凤春、王金奎王家三代人85年经营后参加公私合营。1957年3月，另有贞昌、永乐园、望仙楼三家酒面馆并入，面店仍称状元馆，盖是状元馆名气较大之故。1963年，有关部门受"左"倾思潮的影响，曾将状元馆改名为"甬江饮食店"，抹去了百年老字号的文化色彩，但老杭州人并不领会这种改称，仍然叫它"状元馆"，可见老字号旺盛的生命力。1983年国庆节后，状元馆终于恢复了它的原名，与奎元馆南北呼应，斗奇争艳。河坊街历史街区修复后，状元馆再次乔迁河坊街东端，成为河坊街历史街区中耀眼的一家百年老店。

新建的状元馆楼高三层，新店的面貌大为改观，店堂面积扩容至1500平方米，除一、二楼各有一个大厅外，另增20个包厢，除了供应原有的烩面外，又开发出不少新品种，如大富大贵面（选用鳜鱼、干贝等作浇头）、全家团圆面（用鸡块、发皮、肉圆等什锦作浇头）、长寿大面（用鲜参、百合、梭子蟹、干贝、墨鱼花、北极贝等作浇头，集山珍海味于一面之中）、状元及第面（用甲鱼、火腿、菜心等作浇头，其中用甲鱼取独占鳌头之含义）等，加上原有的，总计有80多种各式烩面应市。此外，又新增创新菜肴太岁鱼头（用茶树菇、咸肉与包头鱼头共烩而成，鲜美可口）、乾隆鱼米（以鱼肉制成米状，配以豌豆、玉米、红椒丁等鲜蔬，色呈五彩，鲜糯软滑）、金银鳜脯（以野生鳜鱼鱼片配以蛋晶豆腐片、青椒片、红椒片制成，鲜爽滑嫩）。有面有菜，花色纷呈，使状元馆日日宾客满座，天天生意火爆。

状元馆特色菜肴

■大富大贵　　　　　　　　■状元及第

■虾爆鳝片　　　　　　　　■油淋鸡

■宁式鳝丝　　　　　　　　■黄鱼面

■青椒墨鱼花　　　　　　　■龙阳辣干煲

■状元馆夜景

在历经百年经营后，让我们来回顾一下状元馆成功的经营理念：

首先，状元馆制作的虾爆鳝面及虾黄鱼面、虾片儿川等宁式烩面与菜肴，特别注重原料精选，如黄鳝要选大小合适、粗细均匀的；河虾要选壮实个大的；竹笋则春用春笋，夏用鞭笋，冬用冬笋。所用面条，精工打制，掌握好生面的干、湿、软、硬，做到面条均匀、光滑，下锅不糊。烹制时讲究精巧，面条的浇头，现爆现炒，原汤落锅；按碗配料，按碗扣汤。在做虾爆鳝面时，要用三种油品：素油爆、猪油炒、麻油浇。烧黄鱼面，则要求保持黄鱼色泽金黄，外香内嫩的特色。供应虾爆鳝面，另有一种特殊的服务方式，即"过桥"；所谓"过桥"就是浇头（鳝片和虾仁）增加数量爆炒，装一小盘供食客下酒，而另用鳝片和虾仁的汁水滚面，面条仍有虾爆鳝的风味。初来的师傅上灶，老板要亲自到厨房监督、品味，看看烩面有否达到色、香、味的传统标准，如果不合格，便要求重新加工过。

其次，注重服务周道，除前面所说的接待顾客的方式外，对吃"过桥面"的顾客，先以浇头单另装盘送上，供客下酒；顾客酒将饮尽时，方将用原汁滚过的面条送上，以供品味裹腹。如发现顾客所饮的黄酒已冷，会主动代为加温；如面菜因时间过久已凉，亦会加汤回锅，总之，尽量让顾客吃得满意、吃得落胃。

状元馆之所以历经百年而名牌不倒，即是重质量、讲服务，故原杭州市政协副主席、著名书法家商向前老先生亦为之应求题写了"状元馆"三个字的店名；原店的门面上还有"店老名气大，货真招远客"10个大字，确切地写出了状元馆成功的秘诀："货真"！

此外，著名电影表演艺术家孙道临到状元馆用餐后，也亲笔题赠了"状元馆，面状元，进状元馆出状元"一行墨宝，肯定状元馆是"面状元"，即面的头一名。这也是对状元馆的肯定与鼓励！

■上左 于东和谢晋导演在状元馆进餐　　■上右 于东和漫画大师华君武先生和中国美院国画大师苏老师在状元馆　　■下左 有着文化底蕴的状元馆"状元迎亲"　　■下右 孙道临为状元馆题名

杭州老字号系列丛书

美食篇

资料链接·饮食奇葩——过桥

杭州清河坊是当年南宋御街的五花儿中心，诸行百业，都密集此地，历史文化色彩与地方特色特别浓厚。时间已推移七八百年，仍然留下一批独具杭州特色的老店：万隆、西乐园（羊汤饭店）、景阳观、方裕和，还有一家专卖宁式大面兼杭州风味的状元馆。

到城里办点小事，要进中餐。穷教书匠口袋瘪瘪还想吃美味，挨家挨个板了手指，最后还是进状元馆吃虾爆鳝面。用不了一张"大团结"（指20世纪80－90年代），即可大快朵颐。

同座的是一位老先生，他与我不同，要的是虾爆鳝"过桥"，外加一瓶加饭酒。这"过桥"并非是吃了虾爆鳝面后去过什么桥，而是一句饮食服务"行话"。客人如要饮酒，不必另外掏腰包炒菜，只要说"过桥"，厨师便会把鳝片和虾仁增加数量爆炒，另装一小盘，供吃客下酒，而另用鳝片和虾仁的汁水滚面，面条仍有虾爆鳝的风味。这所谓"过桥"，即是在面与酒之间搭了一座"桥"，一座便民的经济而又实惠的特殊服务方式的"桥"。据了解，我国各地并无此种特殊的饮食服务方式，仅仅吾杭独有，乃独步全国之"饮食奇葩"。翻阅地方志书可知"过桥"由来已久，清末民初洪如嵩的《杭俗遗风辑补》一书，已有明确记载。历经数百年，状元馆、奎元馆一些百年老店还作为"保留节目"，继续为民众服务，可见饮食文化的源远流长。

杭州老字号系列丛书　美食篇

○始创于清·光绪二十八年(1902)○

庭院酒家山外山

西湖三大名泉之一的玉泉，是杭城著名的风景名胜游览胜地。中外游客慕名至此观鱼赏景，四时不绝。杭州有名的餐饮老字号——山外山菜馆，就坐落在这里。它背靠青龙山，右依玉泉池，面对山水园，深深的庭院酒家；馆周绿荫环绕，无限诗情画意，引得海内外宾客接踵而来。

庭院酒家"山外山"之名，系来自南宋诗人林升"山外青山楼外楼"之名句。如果从它的前身"鼎园处"算起，至今断断续续已有百余年历史。1903年，有倪鼎园其人在杭州灵隐合涧桥旁，创办了灵隐地区最早的"鼎园处"菜馆，位置就在灵隐寺出口处，当年它曾与"天外天"前身"雅园"等，合称为"灵隐三大酒家"。民国初年，倪鼎园三子倪永康继承父业增设冷饮和简易西菜，以供海外宾客之需，并根据老顾客建议，经数年推敲，易名为"山外山"。建国后，公私合营，"山外山"并入"天外天"菜馆。"山外山"一度销声匿迹。直到1978年，有关部门感到传统品牌创立不易，以及"山外山"品牌本身所具有的经济和文化价值，便将开张不久的玉泉"满园春"酒家改名为"山外山"，自此，山外山落脚玉泉风景区。

当年的鼎园处，位处灵隐大山门口，所用的烹饪原料，像野味、竹笋、河虾、马兰头、荠菜等均系就地出产与采办，故烹制的菜肴自然带着山水的鲜灵之气，很受香客和一些文人雅士的喜爱。鼎园处大门上，曾有一副楹联这样写道："座上客常满，樽中酒不空"，而堂口的对联则是："鼎鼐调和常满座，园林风味娱佳宾"，可见当时菜馆生意之兴隆，无怪乎宾客常满。

鼎园处供应的菜肴，皆是杭帮菜中的传统名菜，其中擅长制作的有：番茄虾仁锅巴、松子鳜鱼、芙蓉鸡片、栗子炒子鸡、炒虾腰、春笋炒鱼、咸笃鲜、雪中得宝、醉虾、炒虾仁，等等。当时的文化名人如马寅初、盖叫天、六龄童等都经常光顾菜馆，品尝各种时鲜佳肴。据说，当年万隆火腿行的老板与杭州火腿同业公会的管理人员，也时常自带金华火腿到店里，请菜馆的大厨加工制作各种火腿佳肴。

1988年，为扩大经营，吸引游客，玉泉山外山菜馆重新进行了装修，别出心裁地将室内装饰同室外自然环境融为一体，菜馆显得特别新奇别致，富有野趣，食客进入餐厅犹如进入一座园林绿荫之中，美景美食，使人陶醉其中。不仅如此，山外山年轻的厨师们在烹制出一大批具有传统风味的杭州名菜外，还独创了以山（及"山"音）为特色的佳肴，如山外全鱼、三凉甲鱼、鱼香三茄

等；又根据菜馆独特的地理环境，创制出花好月圆、八仙过海、玉泉鹿鸣、鹤鹿同春等与山水意境相关的美肴佳馔，使菜馆特色更为突出。

1992年，山外山菜馆因业绩突出，被杭州市委、市政府授予"杭州市文明单位"，这在当时杭城餐饮界中，尚属独家。

2001年，山外山菜馆改制，曾在山外山任总经理17年的名厨徐子川传人、浙江省劳动模范徐丽华女士与当时担任工会主席的王国庆，千方百计筹集资金并与一位有经济实力的朋友携手合作，最终在拍卖中中标，成为"山外山"三个股东之一，同时菜馆更名为"杭州山外山菜馆有限公司"，徐丽华继续担任总经理。企业改制不久，为了将业务做强做大，作为名厨后裔的徐丽华又带领

杭州老字号系列丛书

美食篇

店里的伙伴，与千岛湖发展有限公司签订协议，共同打造千岛湖有机鱼品牌，独创"精品鱼头皇"和"极品鱼头皇"等鱼肴系列，成为杭城第一家引进千岛湖绿色有机鱼的菜馆。与此同时，还开发出利用鱼身各档材料制成"灌汤鱼球"、"沸腾鱼片"、"脆皮鱼尾"、"蒜子鱼泡"、"三鲜鱼肚"等等十余个品种的鱼菜。其中"八宝鱼头王"又称"精品鱼头皇"，说来也叫人惊奇，光一个鱼头就有四五斤重，因为包头鱼运到山外山后，还要取玉泉的珍珠泉泉水放养几天，因此到烹饪时，已没有一点泥土腥味。这道菜烧好后，放在一个比普通脸盆还大一号的青花瓷盆里，不仅浓香扑鼻，光看看就叫人馋涎欲滴：除了一只硕大的、酥烂的鱼头外，汤汁浓酽如奶，汤里还有鲜红的河虾、碧绿

山外山八宝鱼头王

■鱼头王在青花瓷大盆里牛奶般的鱼头浓汤中，若沉若浮，若隐若现的嫩白鱼圆是那样的诱人。据说，这里的菜肴之所以特别鲜美，是因为鱼圆中不光有鱼肉还含有鲜美的的虾肉，致使鱼圆吃起来犹似"嫩"中有滑，珠圆玉润，晶莹剔透，盈盈可人。除有硕大而鲜美的鱼头，更有味美的鱼唇、鱼眼、鱼脑、鱼肉，还配有佐料海参、火腿、竹荪、笋片、大虾等山珍海味。那鱼汤也是美味无比。凡吃过的人都称之为：八宝鱼头王。

的菜心、紫红的火腿、黝黑的海参及香菇、竹荪、鱼圆等配料。鱼头富含胶质，软糯适口；鱼汤甘醇鲜美，如同琼浆玉液。品尝此一珍肴，不啻是人生一大享受。明代大药物学家李时珍在《本草纲目》中云："鳙之美在头"，又说此鱼具有"暖胃益人"功效。可见山外山菜馆此一独创佳肴，不仅以味美取胜，而且有食补作用。

菜馆并不满足已有的成绩，继续开拓创新，将硕大无比的包头鱼鱼头拆开来做菜，成功地推出了名贵高档的"葱油鱼唇"、"龙虾戏鱼脑"、"香煎鱼脸"等等独特的鱼头菜，将淡水鱼的制作技巧发挥得尽善尽美。除了鱼头皇及其系列鱼菜外，山外山菜馆创新菜中点击率高的，还有绿蛋珍珠鸡、山外神仙鸡、辣子羊腿等佳肴。另外，山外山菜馆根据不同时令季节，春日推出"梅花宴"（馆后青龙山之背面，即杭州观梅胜地"灵峰探梅"）；秋时则推出"桂花宴"（玉泉旁的杭州植物园为赏桂胜地）。这些特色盛宴不仅色香味形器一应俱全，而且菜名亦富有诗情画意，如"灵峰探梅鸭"、"春梅醉腰花"、"幽香飘裙边"，让你在一饱眼福与口欲的同时，也领略华夏饮食文化的博大精深。全国人大常委会王光英副委员长在品尝了"山外山"的鱼肴等当家菜后，曾赞不绝口地对徐丽华总经理说："如果'山外山'到北京来开分店，开张那天我一定是第一个光顾者"。

2003年，山外山菜馆投资300多万元，再次对餐厅设施和整体环境做了新的装修，使得今日之"山外山"在原有的基础上扩大了近400平方米，新增了一个豪华大厅，可同时容纳150人就餐。此外，还新添了名叫"金桂"、"玉兰"、"杜鹃"、"牡丹"等包厢6个，西面均背靠青龙山，以大片玻璃为幕墙，让就餐的宾客与青山亲密接触，与大自然融为一体。在这里就餐，犹如进入蓬莱仙境。这样的就餐环境，在杭州亦屈指可数。

今日之山外山菜馆，总面积已达2500平方米，拥有上下三个风格迥异的大厅和各具特色的近20个大小包厢，餐馆的营业额也从1984年的2万多增加到2005年的2062万元多，每年递增率保持在10％以上。员工人数也从1978年的17人增加到现在的120多人。山外山菜馆本着"以质量促品牌，以品牌求发展"的经营理念，注重菜肴质量和服务质量，因此连续数年获得"杭州市文明单位"、"杭州市物价信得过单位"、"杭州市消费者信得过单位"、"全国绿色餐饮企业"等荣誉称号，给海内外宾客留下了良好的印象。

中国作家协会会员、著名作家张重天在品尝了山外山菜馆的佳肴后，曾题诗云："昔闻楼外楼，今慕山外山。盛名八十载，欣见换新颜。山迎天下客，酒醉四海仙。聚来逢胜会，惊疑上九天！"

杭州老字号系列丛书　美食篇

资料链接·杭州鱼圆

在古代汉语中，"鲜"字是由鱼与羊两字组成。一般而言，北人以羊为鲜，南人以鱼为鲜，故南人擅长制作鱼菜。一条鱼在南方名厨手中，可以做出千百种鱼菜。杭州鱼菜之多，琳琅满目，以原色本味取胜的，当推鱼圆。一味清汤鱼圆，没有浓酱重油，却清水芙蓉，以鱼肉自身的鲜美，引人食欲大升。

关于鱼圆的产生，据说与秦始皇有关。秦始皇曾多次巡游南方。他爱吃鱼而怕鱼刺，不少御庖名厨因此而丧身刀下。有位厨师做鱼菜时，眼看厄运降临而将愤恨发泄于案板的鱼上，用刀狠狠击之，谁知鱼刺却从斩击的鱼茸中披露出来。这时，传膳之声传来。他急中生智，拔去鱼刺，将鱼茸捏团入鲜汤，做了一款鱼圆菜。秦始皇吃了鱼圆，又鲜又嫩又没有刺，赞赏不已，便嘉奖了厨师。于是，鱼菜的一种——鱼圆，就这样产生了，而且很快传到了民间，还上了筵席。

旧时，杭州不少市井人家，都能在简陋的厨房条件下自己做出又鲜又嫩的鱼圆。这可以以已故著名作家梁实秋为例。梁实秋是北京人，他的母亲是地道的杭州人，擅长制作鱼圆。梁实秋在《雅舍谈吃·鱼丸》中回忆：母亲做鱼丸（圆），"鱼必须是活鱼"，"像花鲢（包头鱼）就很好"。先"剖鱼为两片……用刀涂涂斜着刀刮其肉……成泥状……加少许盐，少许水，挤姜汁予其中，用几根竹筷打，打得越久越好，打成糊状"，然后"用羹匙舀鱼泥，用手一抹"，入沸水成丸（圆），因为"煮鱼丸的汤本身很鲜美，不需高汤，将做好的鱼丸倾入汤内煮沸，撒上一些葱花或嫩豆苗（豌豆苗）即可盛在大碗内上桌"，"这样做出的鱼丸嫩得像豆腐"，色彩自然是洁白如玉的了。直到现在，杭州菜馆酒楼还是这样制作鱼圆，只不过用料稍为讲究些，清汤鱼圆做好后，还要放一点熟火腿片、一片水发香菇及葱花，此外再放一点味精。

092

资料链接·山外山名菜

杭州"山外山"菜馆，处在西湖玉泉风景区内。面对"山水园"，旁依"玉泉池"，风光秀媚，环境优雅。"山外山"店名出自宋诗"山外青山楼外楼"之句，开创至今已近百年历史，与"楼外楼"、"天外天"并列为西湖三大名菜馆。

"山外山"以烹调杭州名菜为其特色，名师掌勺。其中尤以"叫化童鸡"、"西湖醋鱼"、"东坡肉"、"宋嫂鱼羹"等闻名遐迩。另有特色菜"龟鹤同春"、"竹筒甲鱼"、"花好月圆"、"粽香鸭子"、"鱼香三茄"、"山外山白玉煲"等深得中外宾客青睐。

此外，依据不同季节，推出诸如"初春梅花系列菜肴"、"金秋桂花系列菜肴"等时令特色套菜，让你饱享口福的同时，深得中国饮食文化之真谛。

■2006年12月，在北京饭店由商务部再次重新认定杭州山外山菜馆有限公司为首批"中华老字号"，证书编号：11028。

杭州老字号系列丛书

美食篇

杭州老字号系列丛书

美食篇

○始创于民国二年(1913)○

百年名店知味观

百年名店知味观，素以小笼包子、幸福双、猫耳朵、糯米素烧鹅等名点小吃闻名于世，在杭州更是妇孺皆知，也是外地游客来杭必到之处。无论何时，只要你走进位于西子湖畔的知味观一楼大厅，都会看到人头攒动、宾客满堂的一幕，上百种大众化的风味小吃散发着诱人的香味，吸引着来自五湖四海的游客及杭州市民，而品尝杭州名菜的人群，则涌向楼上餐厅及包厢。旺盛的人气、兴隆的生意，显示出这家老字号强劲的生命活力。

知味观系由绍兴人孙翼斋于1913年创办。当时杭州湖滨一带拆除满清的"旗下营"城墙后，开辟为公园，建起游船码头，成为杭州一处有生机的新市场。孙翼斋先与朋友义阿二合资在此摆了一个汤团、馄饨摊，因无特色，生意十分清淡。次年，他又独资经营，但生意依然举步维艰。孙是有些文化的，他想起了绍兴历史上善知食味的两个典故：一是先秦符朗在会稽品味如神；二是隋代会稽人杜济善腌梅，能别味，由此而得到启发，便在摊前挂了红纸，上写"欲知其味，观料便知"八个大字作广告，使顾客"能知味"。不少路人因好奇而观料、品味，成为小摊的回头客，生意因此逐渐兴隆，孙翼斋也动了开店的念头。租房开店后，孙翼斋从"欲知其味，观料便知"中挑出"知"、"味"、"观"三个字作为店名，自此，"知味观"开始扬名杭城。

　　开创时期，知味观主要经营各类地方风味突出的点心，如各式汤团、馄饨、汤包、春卷等，为招揽食客，点心讲究料重工细，用猪肉、鸡肉、虾仁、火腿等交叉配制各种馅料，并运用汤、煎、炸、蒸等各种技法，精心制作。其中尤以小笼包子、猫耳朵、百果油包、吴山酥油饼特别受到食客赞誉。1929年，杭州举行第一届西湖博览会，海内外客商慕名前来品尝，知味观之名，遂广为人知。为满足市场需求，当时店家又增加经营杭帮风味小酌，从而使单纯的饮食小吃店发展成为地方风味突出、菜点俱全的杭州名店。于是有人题词："欲知其味，观料便知"赠之，更使知味观名声大振。

　　1937年，正是知味观声誉日隆、生意兴旺之时，由于日寇侵华南下，孙翼斋携家眷逃难到绍兴，并在故乡另开知味观，而杭州知味观则暂时停业。1939年，孙翼斋发现有人欲借国难占有杭州知味观，便派人回杭筹措资金，于同年10月再次开张。1947年，店主孙翼斋去世，知味观由其子孙仲琏执掌。杭州解放后，知味观于1956年实行公私合营。"文革"时期，知味观曾一度改名为"东风观"。1979年，历经艰难的老店终于恢复原名。

　　1997年11月，知味观投资7000万元进行了全面翻建改造，以焕然一新的面

■知味观用餐大厅以及休息区

貌展现在市民与游客的面前，2800平方米营业面积，可供1000余人就餐。它不仅有宽敞明亮的餐厅、风格迥异的包厢、金碧辉煌的大宴会厅和极富异国情调的小餐厅，还配备有中央空调、中央背景音乐系统、电脑点歌系统、地下停车库。呈现在杭州市民面前的知味观新楼令人耳目一新、满眼生辉，再也找不到旧时的摸样，然而，它的确又是老知味观的延伸。一楼仍旧经营各类风味小吃，其品种之繁多，花色之丰富，足以令人眼花缭乱，350个餐位经常宾客满座。此外，还增加了四季饮品，开辟了西点、卤味外卖场所，可以说集风味小吃之大成，弘扬了知味观饮食文化的优良传统。二楼到四楼，主要经营中高档酒席和餐饮，优雅的就餐环境使宾客感到舒适和神怡。

目前，员工中中高级职称技术人员达100多人，以"知味观"之名注册的服务和商品商标有32只。知味观还在杭州市区开设知味观连锁店近50家，又在新西湖杨公堤景区开设"知味观·味庄"，以精美的看馔飨客，成为杭城高档的商务宴请之所。此外，还在河坊街历史街区开设"知味观·味宅"，以古典和时尚相兼，成为

■知味观特色名菜

文人雅士和白领小资经常惠顾之处。除上述发展以外，知味观还在上海的静安区开设有一家经营面积达3600平方米的上海知味观，供应以杭帮菜为主的各种佳肴美点。知味观可说已从单店经营发展到连锁经营，这是知味观充分发挥其自身技术长处、重振杭帮菜点优势的一大成功标志。此外，为了保证各种食品的源源供应，知味观以创新的思路设立了一个建筑面积达3400平方米的原材料供应和加工基地，锐意开发真空包装食品，大批量生产酱鸭、腌鸡、鱼干、八宝饭等广受群众喜爱的食品，还成立了连锁配送中心。

知味观在90多年的经营中，素以发扬传统、突出风味、时鲜精工、适应多

杭州老字号系列丛书

美食篇

■知味观杨公堤湖畔酒家

变著称。它以100多种花色点心闻名于世，吸引着五湖四海的食客。比如馄饨，历史上有25种之多，其特点是皮薄、肉嫩、个大、汤鲜、色美。馅子分别有鲜猪肉、鸡肉、虾肉、火腿四种。烹制方法有汤、煎、炒、蒸四类，以适应不同食客的口味。馄饨汤料则有五种色彩：红色的是虾子、黄色的是蛋丝、玉色的是虾米、黑色的是紫菜、绿色的是葱花。比如小笼包子，根据馅料不同，分鲜肉小笼、鸡肉小笼、虾肉小笼、蟹黄小笼、蟹黄鱼翅小笼等。包子皮则用发酵面粉做成，肉馅中掺入皮冻，用旺火蒸制而成。因皮薄馅大、汁多味鲜，更为食客垂青，成为知味观的当家名点。如猫耳朵，以上等面粉捏成极小的猫耳朵形状而定名。这道点心选料有讲究，其配料有干贝、火腿、虾仁、鸡胸肉、香菇、开洋、笋丁，以鸡汤调味制成，鲜美之至。此外，幸福双与西施舌，亦是非同寻常。如幸福双，内有赤豆沙，因赤豆也称红豆，引申唐代诗人王维《相思》中所云"红豆生南国，此物最相思"之诗意，配以桃仁、橘脯、青梅、佛手萝卜、松子仁、瓜子仁、葡萄干、糖桂花等百果料制成，香甜可口，食后令人难忘；而西施舌，外形似舌，以美女西施冠名，给人以无限浮想。这道点心以水磨糯米粉裹入枣泥、果料等馅，然后在舌形模具中捏压成形，是一种异形的汤团。其他像糯米素烧鹅、吴山酥油饼等点心亦制作精巧、口味香美。鲜肉小笼、吴山酥油饼，在1989年被国家商业部评为部优金鼎奖；虾肉小笼、猫耳朵、幸福双、糯米素烧鹅被评为省优产品奖。

1989年春节，知味观又推出了别具一格的"知味点心宴"，此宴以8—10道名点为主，辅以杭帮名菜龙井虾仁、西湖醋鱼、蜜汁火方、叫花童子鸡、西湖莼菜汤等佳肴及冷盘总盆。点心宴不仅突出了知味观擅长制作点心的特色，而且体现了知味观善烹杭帮名菜的制作水平。

除了点心，知味观在立足杭帮菜的基础上，还大胆挖掘引进历史名菜及各地菜系的精华，烹制出一大批富有特色的名菜，如：金牌银鳕鱼、干菜鸭子、武林熬鸭、蟹黄鱼翅、龙凤双会、辣子羊腿、蟹黄橄榄鱼、金牌乳鸽、盐焗大连鲍、蟹酿橙、乌龙茶熏黄鱼、蟹黄灌汤斩鱼圆、一品海鲜盅等，其中金牌银鳕鱼，色艳肉嫩、酸甜爽口；雪梨火方，构思精巧、鲜香迷人；蟹酿橙，鲜香诱人、橙味浓郁；金牌扣肉，造型独特、酥烂入味；椒盐麻藕，椒香诱人、咸爽酥脆；糟鸡，肉质鲜嫩、糟香宜人。此外，还有木瓜猕猴桃酥、蚕蛹酥、龙井问茶等名特美点问世。

知味观，以其独具特色的风味名点、传统的杭帮菜为主的肴馔，上乘的服务质量以及一流的设施设备，先后吸引了60多个国家、地区的中外宾客前来品味尝鲜。知味观还曾接待过诸多政界要人、海内外社会名流。知味观在国内外均具有一定的知名度，于1993年被国内贸易部评为"中华老字号"；1998年知

杭州老字号系列丛书

美食篇

■知味观分店

味观商标被评为"浙江省著名商标"；2000年被国家内贸局评为"国家级特级酒家"，并被授予"全国十佳酒家"的荣誉称号；2001年被世界饭店与旅馆协会评为"国际餐饮名店"，被中国烹饪协会评为"中华餐饮名店"；2002年被中国商业联合会评为"中国商业名牌企业"，同年被中国饭店协会授予"全国绿色餐饮五星级企业"；2003年至2005年连续三年被商务部和中国商业联合会授予"中国餐饮百强企业"；而2006年更是被商务部评为"中国十大餐饮品牌企业"和首批重新认证的"中华老字号"企业。其掌门人、总经理孟亚波也先后被评为杭州市商业系统"十佳共产党员"、杭州市劳动模范、浙江省劳动模范、全国五一劳动奖章获得者、全国餐饮业优秀企业家等荣誉称号。

知味观的发展目标是 将知味观建设成为中国餐饮最成功的企业。

知味观的期望是 再创老字号辉煌、新老顾客的最爱、关爱员工的家庭、最佳效益的企业。

知味观的信念是 质量至上，超值服务；传承创新，开拓进取；全员自律，科学管理；团结合作，群策群力；表彰优秀，发展个人。

知味观将永远成为四海游客、五洲宾朋及杭州市民寻找美食情趣的大酒家与点心城！

游杭州、游西湖，莫忘知味观。

资料链接·杭州第一名点——吴山酥油饼

杭州最有名、最脍炙人口的名点，当推吴山酥油饼。其历史可上溯到北宋时期。其香酥可口早为古今文人墨客所赞颂。

相传，唐末五代十国时，后周赵匡胤因战事在南唐寿州（今安徽寿县）被围粮尽，当地百姓以粟面油炸成酥饼相奉济饥，赵匡胤感动地说："此真大救驾也！"故寿州人将此饼称为"大救驾"。后金兵南下，宋室南渡，此北方名点，便随当地百姓传至杭城，融入江南面点之中。至清代中期，酥油饼以"蓑衣饼"的名称出现在杭州市内名山吴山上。之所以叫"蓑衣饼"，一是因为其饼蓬松如农家之蓑衣；二是由于同音。清乾隆十三年（1748），《儒林外史》作者吴敬梓途经杭州，在吴山上品尝了蓑衣饼，后把这段游览经历，借马二先生之名，写入《儒林外史》之中。这是见诸文字的、记载吴山酥油饼的最早记录。

到清乾隆五十七年（1792），杭州著名文学家、烹饪理论专家袁枚，又将吴山酥油饼以"蓑衣饼"的名称，正式写入《随园食单》这部经典性的食谱之中，并介绍了吴山酥油饼的具体做法："干面用冷水调，不可多揉，擀薄后卷拢，再擀薄，用猪油、白糖铺匀；再卷拢擀成薄饼，用猪油煎黄。如要咸的用葱、椒、盐亦可。"这种制作方法已与现在吴山酥油饼的做法非常靠近。由于酥油饼在吴山出售，而吴山又多茶室，酥油饼便又成了杭州传统的茶点。

从吴山酥油饼近千年来源远流长的发展史，可以见到南北面点在杭州不断交汇演变的情况。

现在，吴山酥油饼这古老的名点，依然为追求美食的杭州民众所喜爱，并且百吃不厌，继续在吴山及市内各大饭店、宾馆里展现它们金丝盘绕、层多不碎、入口就酥、又香又甜的风采与特色。

■2006年12月，在北京饭店由商务部再次重新认定杭州饮食服务集团有限公司杭州知味观为首批"中华老字号"，证书编号：11022。

○始创于辛亥革命时期（1910）○

飞来峰前天外天

在千峰竞秀、万壑争流的灵隐、天竺风景区的共同入口处——合涧桥畔，有一家著名的老字号菜馆，它就是名闻遐迩的天外天菜馆。

说起天外天的历史，可追溯到近百年前的辛亥革命时期，那时满清王朝刚被推翻，西湖四周开始辟建公园，沿湖公路相继开通，深藏在西湖西北灵竺山区的东晋古刹——灵隐寺，一时吸引了大批香客和游人，杭城饮食行业找到了新的发展之地。于是，城中的小吃店、酒摊、小饭馆、酒楼先后迁到了此地，天外天的前身"雅园"就在这个时段开张了。雅园开创初期，由三个老板拼股合办，由于同行竞争激烈，生意比较清淡，其中两位老板先后退股，只剩下一位老板独撑局面。为了谋求生存，老板恳请店址土地的主人——灵隐寺方丈和知客僧来店帮忙出主意，以便改一个好的店名招徕顾客。那方丈和知客僧都是隐居在禅林中的高人，诗文满腹，颇有见地。他们知道这个店名不容易取，因为既要体现地方特色，又要显得风雅别致。三个人绞尽脑汁，终于想出了"天外天"三字，取这三字为店名，其中自有内涵：原来灵隐寺头山门照壁上，书有"咫尺西天"四个大字，此菜馆既在"西天"之西，当属天外有天；又该菜馆在飞来峰"一线天"之外，更属天在天外，故而取名曰"天外天"。"天外天"还有一重意思便是菜馆所烹之菜天外有天，格外鲜美。20世纪三四十年代，雅园改名为天外天时，店门口还有一副对联，上联写道："天外天天天满座"，下联为"人上人人人欢喜"（注："人上人"来源于"吃得苦中苦，方为人上人"之俗语，这里泛指香客喜爱的僧人）。由于优裕的地理位置、高雅的店名，再加上当时名厨吴立昌（俗称"阿毛师傅"）的勤奋工作，天外天的生意也就一天天兴旺起来。抗日战争初期，日机空袭东南沿海城市，杭州的灵隐地区因为山峦重叠，远离市区，一时成为长江三角洲地区商人及达官贵人躲避轰炸的世外桃源。许多外地商贾在这里商谈生意，聚会客户，天外天以其独特的地理位置，生意显得格外兴隆。当时店里策划的广告"杭州名菜，上海米饭，半汤儿面，随意小吃"，充分体现丰俭自择，适应不同阶层的需要，因此起到了较好的引导作用。

杭州解放后，随着1953年、1957年灵隐寺两次大规模修建，千年古刹面貌焕然一新，为了适应全新的变化，天外天菜馆也随着多次扩建，使之成为灵隐地区一处典雅精致的庭院式菜馆。它内设神池厅、南海慈航、钳珠宫、翠竹厅、小雅、合涧、回龙等各具特色的中高档餐厅、包厢七个，实用面积达2500平方米，可以同时接纳600名中外宾客就餐，是国内外多家旅行社定点菜馆之一。

天外天早期采用的烹饪原料，大多就地采办，山笋出自谷地，鲜鱼河虾购自西湖乡的农家，并放养在门前水池里，引龙泓涧的活水调养之，故制成菜肴格外鲜美。现在野味原料已经用得不多，但鲜活的各种海鲜、淡水鱼、河虾、肉禽及时鲜蔬菜都直接与专业个体户挂钩，由他们送货上门，保质保量。菜馆由于名师掌勺、菜肴鲜美，加之环境优雅、店堂整洁，吃客长年盈座。

要说天外天的佳肴美馔，首数龙井虾仁。94年前，祖居杭州灵隐法云弄的天外天名厨吴立昌家，房前屋后均是正宗龙井茶茶地，他受遍地灵芽、扑鼻茶香启发，将鲜茶与"湖上帮"厨师常炒的河虾仁结合在一起，创制出"龙井虾仁"这款名菜。因用鲜茶及活养虾仁现挤做菜，龙井虾仁做好后，"龙井"色如翡翠，虾仁清似白玉，一盘佳肴，汇集了西湖的春光、水乡的精灵及名厨的智慧与创造力。就是靠了这与众不同（其他菜馆均以干茶水发做菜）的独家特色并其他创新鱼虾佳肴，天外天一下子出了名，跨入杭城名菜馆之列，几十年来名牌不倒，声名远播。无怪乎著名的京剧大师盖叫天，生前常来此品食道地的龙井虾仁。其他知名人士，如浙江大学校长马寅初、越剧表演艺术家戚雅仙、电影明星王丹凤、舞蹈家赵青等，如到灵隐游览，亦必光临天外天品食名菜佳肴，正是"虾仁洁白似玉石，龙井碧绿如翡翠"。

天外天的名菜，还有栗子炒子鸡，系选用童子鸡的去骨嫩肉，切成小块，上浆后与嫩熟栗先在热油锅中滑过，再与葱段等佐料同炒，勾以薄芡，并淋以麻油，出锅装盘。此菜烧好后，色泽黄亮，鸡块鲜嫩、栗肉香糯，具有浓厚的乡土风味，深得游客喜爱，为下酒助餐佳肴。

火蒙鞭笋，以带尖嫩鞭笋段剖成四瓣，用熟猪油、鸡汤，先煸后焖，在文火上煮熟后，勾以薄芡，再撒上熟火腿，淋上鸡油，即可出锅。此菜笋白肉

■灵隐飞来峰是一座高约209米的石灰岩山峰，山上怪石嶙峋，奇幻多变。石间分布着五代至元代造像约300多处，是浙江规模最大的一处造像群。天外天菜馆就在灵隐、天竺风景区的共同入口处——合涧桥畔。

红，色泽悦目，香浓味鲜，爽口清腻，为夏日时令佳肴。此外，还有"凤尾笋"、"麻辣笋"、"裹烤笋"等多种山笋的吃法，让人感到店中大厨擅制笋肴，独有所长。

咸笃鲜，是以南宋名将宗泽家乡金华、义乌一带的"家乡南肉"与新鲜猪肉笃炖而成的佳肴。此菜既有腌腊的风味，又有鲜肉的清香。成肴之菜，南肉红白相间，红若胭脂，白似玉石；鲜肉绵软，吸足腌腊之味，滋味格外爽口，是佐酒下饭佳品，具有浓厚的民间家常菜的特色。

松鼠鲩鱼，是厨师参照苏州名菜"松鼠鳜鱼"而创制，虽然所用原料不同，但与"松鼠鳜鱼"形似而味近，且鲩鱼为杭州大宗产品，原料易得，价廉物美，四时皆可制作飨客。

名点桂花鲜栗羹，是菜馆传统的特色点心。"山寺月中寻桂子"，灵隐地区历来是产桂胜地。以当地自产的糖桂花配以西湖藕粉、山乡甜栗，佐以蜜饯青梅及玫瑰花瓣制成的桂花鲜栗羹，羹汁晶莹，闻之觉香，食之甜润，为不可多得的佳点。

天外天因为位处有"东南佛国"之称的灵竺山间，每年除接待中外游客外，还要为来自四方的善男信女们提供净素佳肴，因此旧时还曾在灵隐寺旁开过一家名叫如意斋的庭园式的素菜馆。这里有一位掌勺高厨，名叫徐子川，曾两度出国，在我国驻墨西哥、埃及等大使馆内供职，擅制素菜，以"素菜妙手"著称。如意斋的素斋，花色丰富，品目繁多，颇得香客好评，还曾为广大海内外侨胞和外宾制作过高级素宴，亦颇得佳誉。

资料链接·久已绝响的"醋鱼带鬓（柄）"

这道菜是一鱼两吃，用两斤重的鲜活鲩鱼做，头尾肚档做成糖醋味的，鱼身去皮骨，用利刃切成薄如蝉翼的半透明的鱼片，整齐地码在盘中，吃时用筷夹着，蘸着麻油、黄酒、精盐、嫩姜末、葱花、味精的混合鲜汁生吃，名叫鱼生，是日本菜（其实从中国传去，是南宋风味——笔者注）。可惜从20世纪50年代初起，卫生部门怕群众生食鱼肉不卫生，不让做了，此菜便在杭州市菜馆里绝迹将近60年。

做此菜除鱼要鲜活直蹦外，还要有过硬的刀工，味汁的调配也很重要。一般每半斤鱼片，叠成一盘，客人吃了想添就再上一盘。过去"天外天"的鱼生，都是老厨师吴祖寿亲手做的。现在杭州城里，非但吃不到"醋鱼带鬈（柄）"这道名菜了，而且许多中青年厨师连菜名都没听说过了。

南宋时期，杭州菜馆里有鲈鱼烩、鲤鱼烩、鲫鱼烩、海鲜烩等用生鱼做的"鱼生"。清末百科全书《清稗类钞》中就记载道，"西湖酒家食品，有所谓醋鱼带柄者。醋鱼烩成进献时，别有一篓之所盛者，随之以上。盖以鲜鱼切为小片，不加酱油，惟以麻油、酒、盐、姜、葱和之而食，亦曰鱼生。呼之曰柄者，与醋鱼有连带之关系也。"连为何叫"带柄"，都解释得详详细细，由此可见此菜名气之大。如果以"不卫生"的子虚乌有的罪名，使之成为广陵散，且不冤哉？

当此经济开放及旅游事业发展的今天，笔者认为，老厨师们要尽快将"醋鱼带鬈（柄）"、"象牙鲚鱼"等久已绝响的杭州传统名菜一一恢复起来，并将技术传授给那些有志于烹饪事业的中青年厨师。

资料链接·天外天

始建于1910年的杭州天外天菜馆坐落在灵隐飞来峰下，俯览杭州西湖，朝闻古刹钟声，夜伴潺潺流水，周围古树参天，四季鸟语花香，是国内外游客旅游中歇足进食最佳之处。菜馆供应各类杭州风味名菜。有诗人留下诗句："西湖西畔天外天，野味珍馐分外鲜。他日腰缠三万贯，看舞越姬学醉仙。"

杭州老字号系列丛书

美食篇

杭州老字号系列丛书　美食篇

○始创于民国十年（1921）○

杭州酒家美名扬

旧时，在西子湖畔的延安路、仁和路转弯角处有一家久享盛誉的杭州地方风味菜馆，叫做杭州酒家。

　　杭州酒家的前身为"高长兴酒菜馆"。创业店主高长兴祖上世代酿酒。辛亥革命后，杭州湖滨地区的旗下营拆毁后，西湖的旅游业得以快速发展，每天游客骤增，绍兴人高长兴便在靠近西湖的闹市区开设了一家酒菜馆，并以自己的名字作为店名。1921年开业时，他特意从绍兴自己经营的酒坊中挑选上千坛陈年黄酒运来杭州，优惠供应吃客，一时宾客盈座，名噪杭城。

　　杭州解放后，秉于交际活动的需要，1951年，市政府在高长兴酒菜馆的基础上，进行翻造，并将它改名为"杭州酒家"。当时，省、市的一些重大的招待、宴请活动，都在这里举行承办，由此可见，杭州酒家厨艺技术力量的雄厚。像西藏活佛班禅额尔德尼·确吉坚赞第一次来杭参观，就是在此品尝杭州传统菜肴的。

　　1957年，周恩来总理、陈毅副总理、贺龙元帅及北京市彭真市长在参加完外事活动后，前来杭州酒家品尝风味小吃。他们在席间对杭州酒家的名菜"糟香越鸡"、"核桃腑肋"、"万年常青"、"素拌"和店里特有的加饭陈酿，给予了极高的评价。特别是周总理，据杭州酒家退休服务员回忆：那天他兴致很高，尤其欣赏店里的名菜"油爆双脆"和具有他母亲故乡淮扬风味的炒猪肝丝，临走时还和厨师、服务员亲切握手话别。

　　1985年，杭州酒家根据经营需要，对店堂再次进行装修。面貌焕然一新的老字号，店面显得更加庄重、豪华，进入一楼大厅，即感清静幽雅、舒适宜人，前来用餐的散客大多在此落座。二楼有餐厅4个，东面有"清风"、"皓月"两厅，恬静清雅；南北则宽敞明亮，可凭窗观望繁华的延安路街景。这里主要是承包喜庆筵席、接待旅游团队。三楼设有"滴翠楼"餐厅，专门用来接待外宾、港澳台侨胞、境外旅游观光团体及举办大型宴会。

　　杭州酒家的厨艺力量一向较强，早先有名厨封月生，后起的有国家级烹饪大师、我国十大中华名厨之一的胡忠英。封月生曾任浙江省高级厨师技术职称鉴定师，1959年曾由国家以援助捷克斯洛伐克厨师的身份委派到布拉格中国饭

■左　1956年，浙江省首届饮食博览会现场盛况。
■右　1956年，浙江省首届饮食博览会上，杭州酒家大厨丁楣轩向群众做厨艺展示。

店工作，传授中国烹饪技艺。早在建国初期，封月生就曾在杭州酒家主持厨务，并团结一大批杭州名厨，挖掘、研究、恢复了一批杭州的传统佳肴，其中25种菜肴于1956年被浙江省有关部门认定并列入36种杭州名菜之中。而现任杭州酒家总经理、国家级烹饪大师、我国十大中华名厨之一的胡忠英，曾在全国第二届烹饪技术比赛中，以该店日常供应的菜肴、冷盘参赛，仅一个人就夺得了金牌一枚、银牌一枚、铜牌两枚，并在首届中国烹饪世界大赛上获得金牌一枚，充分体现了杭州酒家菜肴的总体水平。

　　杭州酒家正因为在厨艺技术上有较强力量，故多年来，几乎成为全市公认的技术骨干培养培训基地。据不完全统计，截至1990年初，已先后为杭州市的一些宾馆、饭店、酒楼输送了30多位主厨、经理与餐饮精英。

　　杭州酒家的菜肴丰富多彩，其中原有的杭州名菜就有龙井虾仁、叫花童鸡、蜜汁火方、糟青鱼干、卤鸭、鱼头浓汤、油爆双脆、芙蓉鱼片、西湖醋鱼、西湖莼菜汤、生爆鳝背、番茄虾仁锅巴、油焖春笋等，后来在保持传统的

■皇家红烧鲍鱼　　■皇家蟹粉鱼翅

■黄磨狮子头　　■西湖醋鱼

基础上，又创新了一批色、香、味、形俱佳的特色菜肴，如"曲院风荷"、"西子春晓"、"金玉满堂"、"岸边青松"、"敦煌蟹斗"、"凤凰鱼丝"、"百鸟归巢"、"人参金鳖"、"金钱河鳗"、"白云虾片"等充满诗情画意、独具杭帮风味特色的佳肴美馔。其中"钱江肉丝"、"芙蓉鱼片"曾获得1988年全国烹饪大赛金奖。

　　杭州酒家在服务工作上，也有独到的一面，比如服务员给外宾斟酒，斟满的第一杯酒，往往不用国酒茅台或进口白兰地，而是用纯正的陈年绍兴花雕。一方面这是杭州酒家供应顾客的传统美酒；另一方面就是先入为主，让外宾对浙江名酒留下深刻的印象。此外，向外宾赠送印刷精美的菜单，上面用毛笔写着菜名，下面则是经理的签名，使之成为一种可供收藏且带着广告性质的宣传品，也是酒家别出心裁的一种促销手段。在上菜时，还通过翻译，向外宾介绍"叫花童鸡"、"宋嫂鱼羹"等菜的民间传说与掌故，使外宾对中国名菜的文化色彩有所了解，增添他们进餐的兴趣。全心全意为顾客(包括外宾)着想、为顾客服务的精神，还可以从另一件事情上反映出来：有一次，两位在杭州汽轮机厂工作的德国专家，因工作结束要回国，故而在杭州酒家设宴答谢中国同事，委托店里代拟菜单。经理细心地想到：这个答谢宴应充分体现东道主的身份才对，因此在制作菜肴时，增添了一味德式牛排。当欢宴气氛正浓时，德国专家看到服务员端上了一盘故乡的牛排，不禁喜出望外，感动地说："我们在杭州用家乡菜招待中国朋友，就像在德国请客一样，杭州酒家的厨师真想到我们的心里去了！"

因为上了一只德式牛排打动了德国专家的心，专家们感到盛情难报，便将次日准备带回德国的数控箱上贵重的电子原件，赠送给了杭州汽轮机厂。杭州酒家的真诚服务，为国家节省了一笔外汇，又给德国专家留下了一个美好的回忆。

胡忠英大师有一段话讲得很有道理："我们的眼睛要巧妙地盯住餐桌上的每个菜盘，它们是宾客爱好和兴趣的镜子。"意思是桌上的菜有没有吃完，可以看出顾客对所上菜肴的爱好和兴趣，同时也为厨师做菜，提供了参考的依据。

进入新世纪后，杭州酒家的原址被移作他用。2004年9月28日，重新开张的杭州酒家以更大的规模、更高的档次在杭州环城北路10号向世人亮相。古雅的店面、精致的布置，25个豪华包厢、2个宴会大厅、3500平方米营业场所，其间遍饰名人书画，使这个百年老字号充满着文化气息。除了原先经营的传统杭帮菜外，新店还持续创新，不断推出杭州时令菜、家常菜、新潮菜以及海鲜、鲍翅燕肚参等珍味和比赛金牌菜，其中蟹粉鱼翅，鲜香滑润，质糯味美；油爆肚，刀工精致，肉质脆嫩；黄焖鱼唇，味醇质厚，爽脆入味；糟油笋壳鱼，制作精细，糟香宜人；葱烧辽参，色泽红亮，绵糯润滑，各具特色，散发着迷人的魅力。

2005年11月，杭州酒家又有引人注目之举，在全市餐饮界首先推出由胡忠英大师主理的50味"经典怀旧菜"：糟熘鱼头、鲞扣鸡、虾油蹄髈、酱鸭时笋、爆双脆、醉枪蟹、皮儿荤素、鳓鲞肉饼、咕咾里脊、二冬锅仔、拔丝水果、咸笃鲜、全家福等。逝去的岁月、往时的风味，勾引起老杭州人浓浓的怀旧情感，同时也给同行以有意的引导：承前启后，是杭帮菜发扬传统、继续创新的必经之路。此外，对于许多新杭州人来说，老杭州菜亦有新鲜之感。时尚，有的就是一种螺旋式的回归。

杭州酒家搬迁到环城北路后的另一惊人之事是，于2005年3月20日为60多名日本客人，做了穿越时空的、价值25万元的乾隆御宴。此宴参照了乾隆年间有名的千叟宴，其上菜的程序和200年前一样。因为制作精细，菜是一道道上的，整个乾隆御宴历经9个小时，令人叹为观止。这是杭州酒家总经理、我国十大中华名厨之一的杭菜烹饪大师胡忠英继在南方大酒店主理满汉全席及仿宋寿宴后的又一令餐饮界震动的盛举。在他的影响和推动下，杭州酒家已经成为烹饪大师们的厨艺交流中心及美食文化的现代沙龙，自然也是美食家及食客们追求美的享受的第一流大型菜馆。

资料链接·满汉全席

杭州酒家的总经理、杭菜大师胡忠英，在南方大酒家时，曾为款待来自一衣带水的东邻日本的美食家们，重现了"满汉全席"，这是杭州厨师制作的最高水平的筵席。

"满汉全席"并不是清代的宫廷宴。按清朝礼志，宴集中满席和汉席是分开的。满席计分六等：一等，用于皇帝死后的随筵；二等，用于皇后贵妃死后的随葬；三等、四等，用于妃嫔丧礼、皇帝大婚、节庆祝贺；五等，用于宴请朝鲜及西藏达赖及班禅的大使等；六等，用于宴请皇帝老师与衍圣公（孔子后裔之官称）来朝以及各国贡使。而汉席则分一、二、三等，以上及中席五类，主要用于临雍宴，文武会试考官出闱宴，实录、会典等书开馆编纂日及告成日赐宴等用，其规格及品类皆不如满席豪华、丰富。到清代乾隆年间，清王朝为应酬江南地区官场，借用清宫满席与汉席字样，推出了"满汉全席"。其菜点品种与规模，比起清代宫廷的满席与汉席均繁多与宏大。

满汉全席也有高低上下之分：高档的必须有鲍鱼汇珍珠菜、鱼翅螃蟹羹、鲫鱼舌汇熊掌等奇珍异味；低档的则是一般山珍海味、家畜家禽、水果、牛奶等。

满汉全席从清乾隆年间出现于江南一带，至今已有200余年，后世流传各地，又纷纷加入各处的地方色彩，以至各地的满汉全席，除宴席的程序与主菜（烧猪烧鸭）基本一致以外，菜点的品种与品数均不尽相同，多者有182种，少者只有64种。像粤味的满汉全席，加进了蚝油鲜菇、凤肝螺片、鼎湖上素、清汤雪蛤、蚝油扎蹄等广东风味；香港的满汉全席，则加进了鹌鸪、沙津龙虾、闽江银丝（米粉干）等。

民国初期，满汉全席尚在社会上流行，有"四拼碟子"——虾、海蜇、皮蛋、芹菜等；"四高庄碟"——杏仁、瓜子等；"四鲜果碟"——石榴、橘、梨等；"四蜜饯碟"——青梅、枇杷等；"四果品碟"——松仁、桐仁等；以"八个大件"为主菜，有清炖一品燕菜（燕窝）、南腿（金华火腿）、炖熊掌、清炖凤凰鸡等等山珍海味。主食计有100种，可说是豪华至极的宴会。

满汉全席是中国古代饮食文化的遗产，对丰富当代宴席的花色品种有参考价值。但也毋庸讳忌的是，满汉全席应用珍稀动物做菜肴原料，在今日是不可取的。今日继承、制作满汉全席，主要是为了发展旅游事业、活跃饮食市场，应取其精华、舍其糟粕。

■杭州酒家新址开张，规模更大，品位更高，店面典雅、精致。3500多平方米的营业场所，恬淡清幽，舒适宜人，遍饰名人字画，更具一流美食文化内涵。

○始创于民国七年(1918)○

西餐名店话海丰

西餐是清末洋务运动中伴随西方的科学技术与生活方式而进入中国的。一般杭州人了解西餐、认识西餐，是从西子湖畔的海丰西餐社开始的。旧时的延安路中心地段，大红顶棚、意大利式门窗的海丰，以其别具一格的装饰吸引着人们的眼球，让人情不自禁走过去欣赏那橱窗中多姿多彩的花色蛋糕与点心，忍不住去买一块西点品尝一下。可以说，海丰就是杭州的"红房子"。

海丰，全名叫海丰西餐社，是清末广东海丰县一位商人创办的，至今已有近90年历史。初开时名"海丰茶楼"，经营粤式早茶及粤菜。当时杭州人不习惯广东风味，还是比较喜欢到附近的"雅园"茶楼去喝茶、嗑瓜子、吃百果油包。广东老板不肯就此收场，他认为杭州离上海、宁波两个开放口岸较近，风景又好，社会上的生活习惯绝不会永远一成不变，于是在海丰增设西餐而改茶楼为海丰西餐社，以迎合新的潮流。这一招果然见灵，有钱人想尝个新鲜，生意人想找个别致的地方谈谈买卖，来杭的外国人想吃西方的菜点，这些顾客的光临，使海丰在杭城站稳了脚跟。

　　西餐在中国原本分为南北两帮，北以北京、哈尔滨为中心，经营俄国大餐及德、意风味菜肴；南以上海为中心，经营法国菜为主。众所周知，欧洲菜肴历来以法国菜肴最为精致，故有法租界的旧上海最流行吃法国大菜。海丰经营的西餐以法式为主，兼营美、英、俄式菜肴，其特点是选料广泛，用料新鲜，烹制考究，擅长用酒，特别重视菜肴的营养卫生。为开阔眼界，引进特色菜肴，西餐社曾不惜工本，派员前往上海有名的"红房子"、天津有名的"起士林"等著名的西餐馆取经，拜西餐名厨为师，学习制作技巧，并做到有所发挥、有所创新。

　　先后经过两次装修的海丰，营业设施突出了欧美风格：店门如前所述，是大红顶棚、意式门窗。一楼为咖啡、快餐厅，色彩鲜红热烈、整洁明亮，适宜以青年为主的散客消费；二楼是西餐厅，浅灰色的墙壁、地毯、窗帘和茶色大玻璃、半环形厢式沙发，显得温馨和舒适，是商贸洽谈、情人幽会、家庭小聚的理想场地；三楼是中餐厅，青藤绿草的田园装饰，给人以宁静、充满生机的感觉，是朋友聚餐、喜庆婚宴的好去处。优雅的餐厅、优良的服务，使海丰成为杭州人心目中吃西餐最好的餐馆。

海丰的名菜有菲利牛排，系精选新鲜软嫩的牛里脊做主料，切成薄片，经多种调料腌渍入味后，用白脱油旺火速煎，待两面色呈金黄，即浇入法国白兰地酒，加上作料，配以沙司即成。整个烹制过程仅20秒钟。此菜做好后，色泽金黄红嫩，配以玉色薯条和红色番茄片，鲜香味美，催人涎下，较受中外吃客喜爱。此外，有根据西餐特色创新的海丰扒鸡，选用鸡菲利(即鸡胸脯肉中最嫩的一块，即鸡里脊，俗称鸡牙子)、明虾虾仁做原料，经油煎酒烹，再配以牛菲利末、酸黄瓜末、蘑菇片、白脱油等制成的沙司，滑嫩清香、酸甜适口，成为海丰的当家菜。其他还有红烩法式明虾、法式蛋煎鱼菲利（蛋煎鱼排）、乡下浓汤、考古塔儿虾仁杯、俄式牛舌沙拉，等等，都是顾客喜爱的西餐佳肴。

海丰还根据不同的时令节气，适时变化菜式，冬天以汁浓味重的烤菜为主，夏天则供应清淡鲜嫩的烩菜和炒菜，每日供应的花色，总有50种以上，以备不同口味的需求。一些外国宾客用餐后，评价很高，认为海丰西餐口味纯正，颇有欧美家乡风味，使人尝后久久难忘。

西餐之外，海丰也供应各式西点，如白脱油酥、奶油羊角、果酱开面、卡拉卡、萨芝、克兰蒙等，这些用鸡蛋、奶油、果酱、巧克力、白糖、精白面粉制作的西式点心，色彩鲜艳、制作精巧、香甜可口、风味纯正，无疑对路人有极大的吸引力，不时可见那些穿着入时的年轻人前来购买品尝，有的还要求服务员给予打包带回家去。

海丰的礼品蛋糕，在杭州的名气也是很大的，透过玻璃，你可以看到橱窗与柜台里放着雕有"松鹤齐寿"、"龙凤呈祥"字样的多姿多彩图案的裱花蛋糕。前者是为祝寿者制作的，后者是专门为喜庆宴席准备的。杭州人过生日，大多会想到去海丰买或定制一只生日蛋糕，用西洋的形式，过一个别

致的生日。因为海丰的礼品蛋糕制作精巧，每日的平均销售量达五六百只之多。1988年，杭州市举办全市青工操作比赛，海丰派出的四名裱花蛋糕选手，一举夺得前五名中的一、二、四、五名，充分体现了海丰制作西点的技术力量。

制作认真，价格合理，也是海丰西餐西点经营的一大特点。如乡下浓汤，是一只大众化的汤菜，但工艺制作要求并不低，它要用以牛肉与整鸡熬制的高汤做原汁，还要放牛肉片、蘑菇、新鲜蔬菜及七八种作料，西餐社始终坚持这个标准不变。在20世纪90年代，花30元钱就能在海丰吃上一份丰盛的西餐，这其中包括一汤两菜、一个色拉（冷菜）和一份面包点心和咖啡。如要节约一点，点一只乡下浓汤、一份色拉，加一份面包，只要3元钱左右。

在海丰，也能品尝到江浙风味的名菜，喝到绍兴花雕和加饭酒。总之，中、西餐，粤式早茶点心，洋酒咖啡，中西结合、土洋结合，消费者都能在这里找到自己喜爱的口味。每天从清晨的早茶到中午、傍晚的中西餐，从冷热饮酒吧，到晚间的音乐舞会，一年365天，天天营业到晚上11点。

此外，海丰还不断有新的经营项目推出，如圣诞节快到的时候，从店门到三楼大厅就精心布置了漂亮的圣诞树、彩带和亲切的圣诞老人像，使整个店堂充满了热烈的节日气氛，为中外宾客欢度圣诞之夜，提供了温馨的服务。而且，为便利单位举办西餐冷餐会，店里还推出上门服务的新措施，也受到了社会各界的欢迎。

进入新世纪后，海丰淡出了消费者的视野，但人们依然怀念这家百年西餐老店，期待着它有一天能在延安路上重新与广大消费者见面。

资料链接·海丰西餐社

　　杭州海丰西餐社主要经营范围为西菜、西点、蛋糕、冷饮、咖啡。经营品种以法式西菜为主，如黑椒牛排、水果沙拉、匈牙利牛肉汤、意大利通心粉、比萨饼、果汁、咖啡、冰淇淋。蛋糕品种有生日蛋糕、多层蛋糕、水果夹心蛋糕、摩司蛋糕、巧克力蛋糕，等等。点心式样众多，有小裱花、酥皮、夹心、水果、鲜奶、甜面包等七八十种。

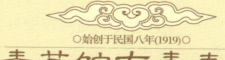

○始创于民国八年(1919)○

素菜馆有素春斋

素春斋创建于民国八年（1919）春，迄今已有近90年的历史。店址在延安路与邮电路交叉口的北侧拐角处。它的创办人为上海一家淮扬菜馆的老板，据说是无锡人，名叫施逸庭。他为了扩大自己的经营，挑选了店里三个年轻的伙计，各给一笔钱，让他们到杭州开办素菜馆。

元宵节过后，西子湖畔草长莺飞，红梅渐开，春的气息飘拂而来。这时的杭城街头便会出现一批批头上包着毛巾、肩上挎着杏黄色香袋、操着江苏及杭嘉湖地区方言的游客，她（他）们便是来赶杭州一年一度香市的传统香客。她（他）们一群群走在延安路上，常常会用吴侬软语向路人打听：素春斋在哪里？她（他）们的前辈告诉她（他）们，烧香要虔诚，菩萨才能保佑她（他）们来年全家身体健康、庄稼丰收、养蚕顺利，而虔诚的一个重要方面，便是烧香期间一定要吃素。而吃素的地方，几十年来父兄口碑相传，除了灵隐寺与上、中、下三天竺及净慈寺的斋堂外，便是市区延安路（旧时称延龄路）的素春斋菜馆。由此可见素春斋的名气之大，其声名远播在外。其实，素春斋不仅仅在江苏及杭嘉湖地区有名，在信奉佛教的东南亚诸国的华侨中，也有很高的声誉。此外，在杭州本地的市民中，素春斋也是广为人知的一家著名的素菜馆。

　　当时，杭州城中有三家素菜馆，它们是素春斋、素香斋、素心斋。三家店各有经营路数，但只有素春斋老板金槐搞得最为灵活，在当年的延龄路上站住了脚。金槐吸收了其他两家的股份，增强了素春斋的实力与规模。当时，店里有厨工伙计20人、15张八仙桌，楼上供应全素菜肴及承办全素筵席；楼下则出售各式素面、素春卷及菜包、锅贴等，由于生意兴隆，名气渐大。后来请当时著名书法家朱孔阳先生题写了店名，制匾挂上，盛名更是远播江南各地。

　　1979年，素春斋根据经营需要，对菜馆进行了翻建，营业面积大为扩充，楼上楼下共有大小餐厅4个，可同时接纳300名顾客进餐。1986年，又进行全面整修、扩建，添置了全套不锈钢厨房设备。扩建后的素春斋菜馆，面积达1300平方米，大小餐厅增加为5个，最多可接纳600多名顾客进餐，一时成为全国最大的净素菜馆。但随着人民生活水平的不断提高，饮食习惯的改变，人们开始追求高消费，而素菜经营获利微薄，亦缺乏竞争机制，到90年代初期，素春斋经营逐渐疲软，生意逐步走下坡路。1992年3月，其店址让给了南方大酒店，搬到了几十米外的、延安路上的"成都酒家"处开业，营业面积从原来的1300平方米一下子缩小到320平方米。但主持店务的经理，在机遇和挑战并存的情况下，仍然坚持供应大众菜点，走创新加特色的经营之路。当时，其店门上方有"基本吃素，健康长寿"这八个字，它们既是广告也是警语。这个观念，随着富贵病（高血压、高血糖、高血脂）的出现，开始被越来越多的人所接受，素食将有被重新认识与较快发展的大好前景。可惜的是，在经济改革与企业转制中，杭城唯一的素菜馆——素春斋，在延安路上突然消失了。但追忆往事，素春斋留给我们的文化遗存，依然历历在目。

素春斋，因为当年的创办人为无锡人，掌厨师傅多为同乡亲友，故开张以来供应的素菜大多属无锡、扬州风味，以鲜嫩、清淡、略甜、爽滑见长，与同为四大菜系之一的淮扬菜系地域的杭州人的口味，基本一致。后来，为扩大经营，又请了上海师傅，菜肴的花色品种从供佛素肴、家常素菜、斋饭便点发展到素斋素宴、素花色面、净素细点，计有300余种。口味上则以淮扬风味为主，博采众长，集杭州寺院、古代宫廷、民间素食于一体，形成了清淡适中、甜酸兼备、鲜嫩软糯、油而不腻等特有的素春斋风味。同时在操作上，则擅长炸、熘、爆、炒、烩、蒸、烤、焖、炖、扒、红烧等烹饪手法。由于它的素食味美可口、独具一格，受到了各地来杭的香客、游客及市民的一致好评。

素春斋主要的名菜有干炸黄雀、清脆八宝鸡、冬菇扒鱼翅、山家四宝、卷筒嫩鸡、虾爆鳝、炸熘全鱼、彩丝金纽，等等。这些菜肴全用净素材料制作，有的不仅形态逼真，令人误以为是以真禽真鱼烧制，而且营养丰富、滋味鲜美。

如干炸黄雀，以五香豆腐干丝、竹笋丝、冬菇丝入油锅煸炒后调好味，裹入10厘米长、6厘米宽的豆腐皮中，卷成"黄雀"粗坯，沾上面糊，然后逐个放入热油锅中炸至表皮蓬松、色呈金黄色即可，吃时可蘸番茄酱、甜酱或花椒盐。此菜外形如同黄雀，色泽金黄，松脆可口，是下酒佳肴。炸熘全鱼，是以豆腐皮包卷多种净素作料，制成鱼形，经油炸后，浇以味汁成菜，形象逼真，口味鲜爽。虾爆鳝，以水发大香菇与去皮荸荠，经多种工序，精制而成，"鳝片"金黄，"虾仁"玉白，鲜美可口，几可乱真。素春斋的笋肴，四时不绝，如油焖春笋、红烤春笋、凤尾笋、雪菜象牙笋、八味瓢笋，一款一味，素雅鲜爽。素春斋的素火腿，名闻遐迩。素春斋的素什锦，以十种素料制成，鲜美可口，20世纪七八十年代，每碗仅卖0．5元。市民们常带铝锅、提罐排队购买。素春斋的素包子，是杭州最受消费者欢迎的名点之一，它以木耳、香干、香菇、青菜等多种素料切细，以麻油拌和做馅制成，食后清香满口，回味久长。素春斋的冬菇面、素三鲜面、素三丝面，在市民中也都有良好的声誉。

素春斋的菜肴面点，一直以粮豆制品和时令蔬菜为主料，20世纪90年代起，开发出食用菌、魔芋系列菜点，极大地丰富了素肴的内涵，提升了素肴的营养价值及其品位。比如食用菌，就采用了香菇、木耳、金针菇、猴头菇、鸡腿菇、牛肝菌、竹荪、灰树花等11个品种；而魔芋菜肴，则有素虾仁、素鲜贝、素腰花、素海蜇、素蹄筋、素鱿鱼等，真是花色繁多，令人目不暇接。在烹制上，清炒、红烧、酱烤、麻辣、糖醋等多种手法兼用，使之百菜百味，满足不同层次消费者的需求与爱好。

素春斋的全素佳肴，形美、色鲜、味香，营养丰富，有利健康，深得海内外食家的好评。曾经品尝过素春斋全素佳肴的日本佛教代表团，称赞素春斋："素菜，世界第一！"

如今，人们无不盼望这家百年老店，能够尽快在西子湖畔重新复出，以为广大消费者服务！

资料链接·杭州素食

杭州历来寺院众多，素食影响民间。南宋时作为京城的杭州，出现了不少素菜馆、素食面店，当时供应的素菜已十分丰富，《梦粱录》上列举有夺真鸡、两熟鱼、假炙鸭、假羊时件、假煎白肠等上百个品种。素面有笋辣面、三鲜面等。

清末民初，西湖四周素菜馆不下几十家。除天竺、灵隐、虎跑、净慈、六和塔各寺院、房头办有斋堂、素食店外，市区著名素食店有功德林、素春斋、素香斋、素心斋四家。功德林历史悠久，为标准素食处。民国十七年（1928）7月13日，著名文学家鲁迅来杭曾应友人邀请，在功德林晚餐，连平时反对素菜荤名的鲁迅，面对杭州一些著名素菜也大感兴趣。尤对"清炖笋干尖"一菜，鲁迅大为欣赏。后面三家有"三素斋"之称誉，为杭城道地素菜馆，其菜肴集寺院、宫廷、民间素肴于一厨，素料荤做，以荤托素，味可乱真。

资料链接·别具一格的素"虾爆鳝"

将大片水发香菇剪成二寸半长宽条，挤干水分，扑上干淀粉，先炸后煸，经过两次油锅，然后调以各种作料，淋上麻油出锅，形态就完全像鳝背，味道更不用说；至于虾仁，用去皮荸荠肉，以马蹄花刀刻成虾仁坯样，也是扑上干淀粉，先炸后滚，经两次下锅，配以各种调料制成，其形态逼真而口感爽脆。最后在锅中珠联璧合，就变成了"鳝背"金黄、"虾仁"洁白的全素虾爆鳝了。

养生素食

资料链接·饮食世界的变幻

　　现在人们的饮食非常注重保健、益寿和口味，因此，近几年素肴的发展很快。不仅从传统的豆制品、蔬菜中发掘出许多新品种，而且各种各样食用菌先后进入素菜领域，使素菜的风味在"质"的方面较前有了较大的提高。现在顾客除了每年花朝至清明拥入杭城的几十万江苏及本省的香客外，随着对外开放和经济的发展，东南亚及日本回国寻根的华裔也依照父兄的指点，前来寻找故乡的独异的美食，其中当然有百年老店素春斋的素肴。另外，生活水平的提高，使人返璞归真，厌倦肥甘之食，追求清鲜洁美、有自然之味的素食。常常可以在店堂里看到这样的情况：青年顾客不断涌入其中，尤以女性为多。这是饮食世界一场新的变革所致，人们从果腹开始走向追求延年益寿、美容健身，许多新鲜的食用菌、蔬菜、豆制品，它们以三低（低脂肪、低胆固醇、低盐）的优越性压倒了荤菜。

○始创于民国九年(1920)○

经济实惠多益处

在与河坊街历史街区东端交叉的高银街路口，有一座坐北朝南的民族传统风格的酒楼，它就是2003年由多益处创始人戎光久外孙涂幼霖所在的华商烟酒公司投资近百万新开的老字号多益处酒家。

多益处之名，广为老杭州人所熟悉，它原在众安桥畔的中山北路上，素以菜点味美且经济实惠而闻名杭城。让广大消费者"多些益处、多些方便、多些实惠"，是该店经营88年以来一贯的宗旨。

多益处始创于1920年，最早由宁波人戎光久与亲友集资开办。起初店名叫做多益处半菜馆，它的含义是多让顾客得到实惠的小吃馆。原店开在延安路解放路口，以卖米粥为主，兼售酒菜，由于价廉物美，平民老百姓消费得起，较受市民欢迎。1929年，店方根据经营需要，将小店扩建成五间门面三层楼的大型酒菜馆，改称为多益处菜馆，经营的种类也从米粥、酒、菜三种，增加到酒、菜、面、饭、米粥、小吃六种。莫看多益处在杭城饮食服务业中仅是一家中小规模的酒菜馆，杭城不少第一流的名厨如封月生、蒋水根、蒋阿生、林茂松、陈锡林等都曾在这里掌过勺，并以他们出众的手艺，为这里的中、下阶层顾客烹制各种美味佳肴。1958年，有关部门调整商业网点时，多益处被迁至众安桥附近的中山北路地段。1980年，菜馆翻建成三层楼房，内设快餐、点菜、风味餐厅三个部分，近半个世纪以来，在此经历了众多的风风雨雨。1999年，菜馆因旧城改造而被拆迁。

多益处菜馆和杭城大多数本帮菜馆一样，主要经营杭帮菜及地方风味小吃（如猪油细沙八宝饭、百果油包、馄饨、片儿川、雪笋面、肉丝面、猪肝面、三鲜面等），菜肴则多为杭州风味，常做的有油爆虾、清汤鱼圆、一品南乳肉（用红腐乳卤作辅料烹制猪肉）、干炸响铃、糖醋排骨、芙蓉鱼片、脆炸明虾、全家福等。名点则为猪油八宝饭、百果油包等。这些市井常见的菜点，在多益处厨师的手中，都烧得色、香、味、形一应俱全，颇得食客好评。能做到这种程度，主要是：采办原料，注重鲜活，做到活杀现烹；烹制菜肴，讲究精

糯米子排的制作过程

■用上等糯米放入特制调料上笼蒸热待用。

■摊开荷叶，放入糯米饭。

■把仔排放在糯米饭中间。

■用调制好的糯米铺在子排上，包上两层荷叶，上笼蒸两个小时，即可食用。

■成品后，糯米咸鲜，子排酥香，且透出荷叶清芬，代表了杭州菜肴的精品，是多益处酒家创新菜之一。

■多益处鱼头粉丝

工细作，如油爆虾做得盘盘红艳油亮，咸中带甜；清汤鱼圆，做得洁白如玉，圆润滑嫩；一品南乳肉，做得色泽红丽、充满红腐乳浓香；干炸响铃，做得金黄松脆；糖醋排骨，做得甜酸适口。另外像八宝饭，选用优质糯米，浸泡及蒸制，都有一定法度，白糖猪油讲究量多不腻，馅心配料注重丰富多彩，使得其他店家无法与其竞争。

为了让顾客多得实惠，店里在抓好菜点质量的同时，注重抓好菜馆的信誉及服务质量，并实事求是核算菜点成本，做到薄利多销，让利于客。

正因为这样，多益处菜肴的平均售价普遍低于同行业的水平，使得中、下层吃客趋之若鹜，宾客日日盈门。此外，多益处在服务工作方面，也做得十分周道与细致：如顾客在家中吃饭，可以提前预约送菜上门，不另收费；喜庆筵席，安排专人接待，客人不起身，服务员不走，也不催客；顾客上门过了营业

■多益处酒家内景

时间，只要厨师没有离开，仍要接待，做好最后一笔生意；顾客要添菜加饭、回烧加热，则尽量满足要求。店里经理还有一条不成文的、深入顾客调查研究的规定：每个星期总要抽出一些时间，在营业的时候，与顾客交谈，直接听取顾客对菜馆的各个方面的意见，及时发现问题，及时加以解决，使菜馆能更好地为广大消费者服务。多益处就是以这样求真务实的企业精神，在杭城饮食服务业中赢得了佳评，并在顾客心目中树立了良好的信誉。

2003年，新的多益处菜馆开张，门上有楹联一副："处处美宴家家滋味，滴滴酒香多多益膳"。新店一楼为快餐、小炒、小吃；二楼为大厅，接待散客，也承包婚庆喜宴；三楼为包厢，共有六个。整座酒楼精工装饰，华贵大

气，到处是精细的东阳木雕构件，上刻诗词，充满文化气息。尤其是三楼的六个包厢，用中外名酒茅台、五粮液、剑南春、人头马、轩尼诗、马爹利之名命名，并且在走廊中用小橱窗展出名酒样品，称之为"酒廊"，将中华酒文化与饮食文化巧妙结合起来，体现了店东爱酒的广泛兴趣，可谓别具一格。

新开的多益处仍然坚持原有的宗旨，即价廉物美，让平民百姓消费得起。在100多种菜点中，有30种菜在15元以下（包括15元），有12种面点在10元以下（包括10元）。新店有创新菜荷香糯米子排、子陵鱼头、多益一品煲、益膳素什锦、广式多宝鱼，等等。其中子陵鱼头，选用产自严子陵钓台水域的纯正包头鱼鱼头，并配上桐庐农家辣酱调味，辅以青蒜、粉皮，鲜爽微辣，独具风味；荷香糯米子排，以西湖的荷叶包裹糯米子排做成，糯米咸鲜、子排酥香，且透出荷叶清芬；广式多宝鱼，鱼肉滑嫩，富有胶汁，为可口之鱼肴。店里还准备开发更多的佳肴美馔，以满足消费者尝新求异的愿望。

　　新的多益处菜馆，必将带给杭城消费者及四方游客以更多的益处、更多的方便、更多的实惠！

■多益处创始人戎光久先生

■杭州多益处酒家有限公司董事长、总经理徐幼霖。

资料链接·处处精益求精

　　多益处每推出一道杭菜都做到精益求精。如清炒虾仁是手剥鲜活河虾，鲜嫩可口，得到不少食客称赞。异香老鸭煲则加进了臭豆腐，而且是红烧，别有一番风味。三色面疙瘩，作料丰富，且味道鲜美，价格低廉。为了让顾客多些益处，多些方便，多些实惠，他们在抓好菜肴质量的同时，十分重视抓服务质量，多次组织服务员到星级酒店宾馆学习。最终，多益处以自己的优良服务赢得了顾客，在美食天堂的行列中树立了自己的形象。

○始创于民国十六年(1927)○

口味纯正数天香

旧时杭帮菜菜馆由于服务对象和制作风格的差异，分为"湖上帮"和"城里帮"两大流派，"湖"派以水鲜、时令蔬菜等为主，代表品种有醋鱼带鲞（柄）、西湖醋鱼、龙井虾仁、春笋步鱼、西湖莼菜汤等；"城"派以肉、鸡、蔬菜等为主，有名的有鱼头豆腐、咸件儿、全家福、咸肉春笋、荷叶粉蒸肉、叫化童鸡等。原位于湖滨地区的杭帮菜名楼——天香楼，兼收并蓄两大流派的特色，素以口味纯正的杭帮菜飨客，在沪杭一带颇有名气，故时人有俚语曰："要划船，西湖六码头（一至六公园）；要吃菜，就数天香楼。"

　　说起天香楼菜馆，老杭州人会如数家珍地说起他的传奇店史：天香楼初名"武津天香楼"，创办人为居住在杭州严衙弄的苏州人陆冷燕（一说为陆冷年）。陆冷燕祖父陆春祥（一说为陆春江），清末任苏州知府。其父为海上名律师，常寓春申，因其祖母于民国初迁居杭州严衙弄，故其父将家产交复旦大学毕业的长子陆冷燕经营。陆冷燕首先接办西湖凤舞台（今延安路采芝斋对门，仿上海天蟾舞台建造，有三层楼，可容三千余人，敌伪时被焚毁），娶名坤伶粉菊花为妇，每当散戏时，陆便偕同粉菊花到附近一家小店——西悦来菜馆吃宵夜。堂倌孟永泰对陆大官人特别客气，因其母曾在陆家做过保姆，故见面便曲意奉承，颇得陆之信任。孟永泰久有自己开店之意，日久微露其意。陆冷燕便说："好办，你把店基找妥，须三开间门面，有楼，布置要富丽，柜台要涂银。你看，得多少资金？"孟眼珠一转，说："如果要和旗下（湖滨原有旗下营，占有西湖东面之一大片土地，辛亥革命后被拆，老杭州人至今尚称湖滨为'旗下'）的聚丰园、宴宾楼别别苗头，有三万（一说为三千）大洋便开得起来了。"陆听后连连摇头说："三万块成得了什么气候？这样吧，添上二万如何？"阿泰（熟客对孟永泰的昵称）掐指算了算，说："陆大少爷，三加二，不就变成五万了吗？"阿泰几乎难以置信。陆说："怎么，还少吗？我做事，不做则已，做则派头要大！"阿泰找到这样的靠山，心雄气壮，便在延龄路（今延安路）教仁街（今邮电路）南侧买下一座三开间带楼层的门面，上下可容三五十席，连内外装修、置办兼物色名厨，一共花去四万，另一万用作流动资金。至于店名来历，也有两种说法：一种是店东征求店名，一位书生根据初唐诗人宋之问的名诗句"桂子月中落，天香云外飘"，建议采用"天香楼"之名称而获得重金酬谢；另一种则是民国时期《东南日报》资深记者、浙江新闻界元老黄萍荪先生在《话说天香楼》一文中所说的：陆冷燕问阿泰："你家太太（指粉菊花）可称国色？"文化不高的阿泰翘其拇指连道："各式各式！"陆说："现在只缺'天香'，不妨称之为'天香楼'；国色天香，为湖上留一佳话，不亦乐乎？"

1927年春天，在鞭炮声与花篮的簇拥下，天香楼开张，并挂上了清末民初著名书法家朱孔阳为之书写的"武津天香楼"的金字招牌，一时传为工商界的佳话。

阿泰是浙江绍兴人，出身贫寒，从小当堂倌，了解各地口味，由于多年应酬，头脑活络，善于鉴貌辨色。他当上天香楼经理后，经营方式格外灵活，除保持本帮传统外，兼收京、扬、川、徽、湘、闽、粤之长，深得上海游客喜爱。此外，他不惜工本，精修门面，建起玻璃养鱼池，一供观赏，二示活杀现烹之用意，又办蔬菜、家禽基地，保证时鲜原料随时应市。虽然身为经理，但

杭州老字号系列丛书

美食篇

■天香楼特色菜肴

辛劳不改当年当堂倌之时，每日鸡鸣时起，坐自备黄包车，西装革履，亲赴鱼虾产地进货。一到开门时间，立即套上白色号衣，肩搭毛巾，耳夹铅笔，或站堂迎客，或周旋于诸席顾客之间，满脸笑容，殷勤伺候。据说后来在杜庄（西泠桥畔杜月笙别墅）拜海上帮会马祥生为师，成为杭城生意人中的"白相人"。虽则阿泰为保生意兴隆，找黑社会做靠山，但穿白号衣站堂迎客的本色一直丝毫不变，令后人理解他创业的艰难与内心苦衷。抗战期间，阿泰又在上海牛庄路开出天香楼分店。鼎盛时期，教仁路南北俱有天香楼，隔街相望，一店两开，时称"南天香"、"北天香"。笔者幼时，同墙门大户有小姐出嫁，便是借"北天香"大办婚礼，并在"南天香"举办婚宴的，席间水陆肴馔、精细羹点，虽品尝已过去六十年之久，至今齿舌尚留余香。

天香楼生意虽好，但阿泰在陆冷燕面前却一再叫苦：生意难做，"头寸"（资金）紧缺。陆冷燕大少爷脾气，不善理财，弄到后来，只有一个店壳子是他的。1931年，东家靠了边，西家成为真正的老板，孟永泰一手掌握了天香楼，便将店名改为"武林天香楼"。

天香楼经营的杭菜，在杭城具有标准性的特色，无论色香味形，都给人以风味纯正、口感鲜爽的感觉。像东坡肉、叫花童鸡、鲜栗炒子鸡、干炸响铃、火踵神仙鸭、春笋步鱼、西湖醋鱼等都是该店的拿手好菜。天香楼制作的东坡肉，用精肥相间的猪条肉，以酒代水，先焖后蒸制成，具有肉色红亮、味醇汁浓、酥而不烂、油而不腻的特点，有"杭州第一名菜"之美誉。1988年，在第二届全国烹饪技术赛中，杭州选手运用此手法制作的杭帮东坡肉（全国各地有多种东坡肉，像浙江省内，也还有澉浦东坡肉），荣获金牌奖。再如鲜嫩略甜的油焖春笋、虾白茶绿的龙井虾仁、肉酥透香的叫花童鸡、金黄松脆的干炸响铃，等等，都令食者馋涎欲滴、欲罢不能，令人联想，它们确实具有"国色天香"。

天香楼历来技术力量雄厚，在发扬传统的基础上，也不断有创新菜肴问世，像天香桂鱼、花雕鸡翅（与贵妃鸡有姐妹菜之称）、冬茸白兰（用玉兰片水发制成）、双喜临门，等等。其中"双喜临门"花色冷盘，在全国比赛中，以造型逼真荣获优秀工艺奖。此外，根据周恩来总理讲话精神、配合旅游宣传制作的西湖十景宴，亦是以天香楼技术力量为主（创作组的顾问、教练都是天香楼的名厨）推出的，具有构思精巧、造型优美的特色，在1985年杭州烹饪协会举办的烹饪大赛中，曾荣获团体赛的桂冠。

在服务方面，天香楼在杭城众多的菜馆酒楼中，也不断有创新，如以总盘围碟替代旧有的陈旧格局。同时讲究烹饪技艺粗细结合、高雅与实惠结合，楼上供应精细的高档菜肴或定制筵席，楼下则销售酱鸭、荷叶粉蒸肉，供应一般炒菜、盒饭并火锅、点心。

1956年，天香楼从延安路口迁至解放路井亭桥边，新店面积达2000余平方米，可容1200余人进餐。1981年改建后的天香楼，门前修复了唐代的相国井（唐李泌所开六井之一），二至三楼分设"蓬莱"、"秋水"等大小餐厅八个、雅座包厢两个，还以假山亭池、木雕漆饰，红木桌椅点缀其间，成为当时杭州规模最大的杭帮菜菜馆。1998年，由于多种原因，天香楼店址移作他用，直到1999年3月在延安路凤起路口以崭新的面貌，重新出现在世人的面前。新开的天香楼面积达4000平方米，内有包厢36个，宴会厅、大厅4座，可同时接纳宾客2000余人。新店除继承原有的杭帮传统名菜外，又相继开发了蟹粉鱼翅系列、百味鱼头系列、天然绿色蔬菜系列及潮州卤水、烧烤等粤式风味。此外，新推出的特色菜，如旱蒸养生鸭、川南风情骨、大汗羊排、淮山米汤煮石鸡、布袋农家酱等也颇受顾客欢迎。

天香楼不仅在国内有名，在香港地区、美国和东南亚一些国家，也有人打出"天香楼"的招牌，师承杭菜特色和经营之道。天香楼之所以有名，系得力于代代相传的名厨高手，像被餐饮行业同仁们称为"善昌师傅"的高级技师陈善昌、被称为"大吴国良"的国家特一级厨师吴国良，都曾是天香楼的掌勺人。这都是足以令同行们钦慕不已的。

天香楼，这古城的百年老店，在新的世纪旧貌换新颜，迎来了她旺盛生命的又一个春天！

资料链接·文龙酱鸭

　　文龙酱鸭，为杭州酱鸭中享有盛誉的传统腌制佳肴。据洪如嵩补辑的《杭俗遗风》记载："酱鸭一味，以杭城绍酒店所制者为佳。每年八九月间，各酒肆皆自制酱鸭，多者数百，少者亦百余。然要以文龙酒店所制为独步。该酒店开设于清波桥侧，远自申江亦有来购者，一过冬至，即销售一空。凡老居杭城及嗜此物者类皆知之。"

　　如今，文龙酱鸭早已名存实亡，代之而起的是"天香楼"菜馆等制的杭州酱鸭。

○始创于民国十八年(1929)○

人有我精太和园

杭城餐饮老字号太和园，原址在孤山南麓、青白山居之西的颐沁花园，后因商业网点调整，让与楼外楼营业，之后在岁月沧桑之中，曾几度迁移。"文革"期间，招牌被砸，店名被改。1985年，在开发老字号特色、恢复名菜名点的热潮中，有关部门斥资130万元，在与延安路交会的仁和路上予以重建。

杭州老字号系列丛书

美食篇

新建的太和园，富丽堂皇、气派豪华，共有四个楼层，营业面积宽敞，可同时接纳1000余名顾客就餐。其一、二楼为大众快餐与炒菜，三楼供应以杭帮菜为主的风味佳肴，四楼为风味包厢。总体设计新颖别致，座位舒适，灯具华丽，尤其是四楼包厢，分别称之为红木厅、葡萄厅、花竹厅等，充满新潮的时代气息，在延安路一带独具一格。

说起太和园历史，还有一段来历：1929年，六位厨师合股，在孤山南麓颐沁花园开了一家饭店，取店名时，他们听说北京故宫里有个太和殿，皇帝常在那里以山珍海味赐宴百官，这宴会是规格最高、菜肴最丰富的，而太和殿六根蟠龙金柱托住殿顶，正好象征六个股东共创伟业，于是取名"太和"，因饭店地处颐沁花园，故店名就叫太和园。

太和园初开之时，因特色不明显，生意比较清淡。后来店主看到一些经营龙井茶叶、西湖藕粉、都锦生织锦的专业店生意兴隆，便知开饭店也要有特色，于是就在太和园招牌上加了"西湖"两字，注重地方风味，以西湖特产如鱼、虾、莼菜、莲子、桂花等入肴，招徕顾客。这一招果然灵验，品尝者纷至沓来，于是名气大增。后来店面翻新、营业扩大，请当时著名的书法家朱孔阳先生题写店名，做了金字招牌，遂成一方名店。20世纪30年代初，上海明星影片公司经理周剑云曾和著名剧作家郑正秋、明星胡蝶慕名光临太和园吃饭，留下胡蝶照片放大，挂在二楼扶梯口做广告，一直保存到抗战前夕。

当年"太和园"，坚持"人无我有，人有我精"的经营理念，除烹制杭帮名菜西湖醋鱼、蜜汁火方、叫花童鸡、东坡焖肉、龙井虾仁、四生火锅外，还有独家风味的新新鳝鱼、什锦豆腐松、抓铃儿、园香童鸡、太和鸭子、生吃鱼片、地力糕等几十种拿手好菜。其中新新鳝鱼的制作，还包含了一个有趣的故事。60年前，一位住在新新饭店的广东游客来太和园就餐，随便说了一句：

"店里若能制作一个豆腐炖黄鳝，明天一定来吃。"第二天，店里为客人准备了豆腐、黄鳝、火腿，烹制了这款菜，但这个客人一直没有来。店里厨师自己品尝了一番，觉得这道菜风味独特，就写入菜单，对外供应，后来又经再三完善，终成太和园独家名菜。因此菜是住在新新饭店的客人定的，就取名为新新鳝鱼。

太和园的另一种传统风味菜肴，便是太和鸭子。菜名"太和"，顾名思义，即是太和园独家所有。太和鸭子，用活鸭现杀，以酒当水，加上大蒜、生姜等调料，在酒中生焖。鸭子烧熟后，再在鸭身上涂上酱油，用滚烫的麻油淋浇，使鸭子皮脆肉嫩、酥而不烂、浓香扑鼻。装盆时，再配以绿色蔬菜，黄绿相映，极像一只睡熟的鸭子躺在春水绿波之中，正应了北宋大文豪苏东坡"春江水暖鸭先知"的诗意，极富江南水乡特色。此菜是老太和园名菜，陆魁德经理为了恢复此菜，曾请来老厨师回忆，又翻阅了大量资料，终使这道名菜重登筵席。

"琥珀鱼卷"，是太和园创新菜中的另一绝招。此菜用新鲜鳜鱼肉剔骨去皮批成片状，配上虾肉茸卷成小卷，上镶核桃肉，然后挂糊油炸，上菜时带甜酸调料配合。成菜之后，外表色若琥珀，高贵典雅，吃来外脆内嫩，鲜香爽口，回味久长。

除了本帮菜肴之外，太和园还注重引进闽菜，曾六次与闽菜名师罗时伟、郑雪美、姚恩铭等共同切磋闽菜烹制技艺，推出了佛跳墙、七星鱼片、香油淋腿、香糟童子鸡、鸡汤氽海蚌、龙身凤尾虾等数十道闽派名菜，并能制作出较高档的闽菜筵席。

太和园在服务方面也有独到之处，如有些高档菜可以小份供应，使顾客花较少的钱亦能品尝到高档的太和名菜。店里还制定了"引客入座，茶水到客，落堂开票，全服务到桌"的服务信条，在顾客餐毕结账后，再赠送甜羹，意在祝贺客人甜甜蜜蜜，欢迎下次再来。该店三、四楼的高档餐厅，濒湖的窗边还设有藤椅，吃好饭的顾客能得到一份地力糕，可以在此休息，边品尝边眺望西湖的美景。

惜在岁月的沧桑之中，太和园已不复存在了，消费者期待有朝一日，这家老字号能重现西子湖畔，继续为市民和海外游客服务。

资料链接·太和鸭子

太和鸭子是杭州太和园酒家以自己店号命名的创新菜肴。"太和鸭子"，选用活鸭现宰，用酒代水，将鸭子和煸过的蒜、葱、姜同时焖烤，烤熟后再在鸭子表面抹上酱酒，淋以滚烫的麻油，使之皮脆肉嫩。因其原汁原味，香酥可口，油而不腻，曾为杭州名菜佳肴。

美食篇

DELICIOUS 美食篇 FOOD

杭州老字号系列丛书

◎杭州老字号食品篇◎

叁

○始创于清·同治三年(1864)○

腌腊名品推万隆

万隆腌腊商店开设在杭城清河坊四拐角的西北角，原名万隆咸酱店。万隆创业于1864年（清同治三年），经营咸酱，兼营火腿，以自制家乡腌肉出名。杭人丁立诚《武林市肆吟》有诗赞曰："肉喜家乡起腊腌，上江贩到更加盐。人来如入鲍鱼肆，一阵腥风送市檐。"还有说明：（万隆）腌腊店金兰火腿、宁台鱼鲞，无不罗列，独家乡肉出名。

　　万隆腌腊商店系双开间木结构门面，店堂内设玻璃门壁橱，陈列货物样品，商品根据时令更迭，有戌腿、月腿、风腿、精制火腿。火腿有大如小牛腿者，亦有小如大汤匙（系用猪尾巴制作，专作陈列之用）者。一列木柜台，上有钩杆三四支，挂有火腿、风腿、酱鸭、酱肉、香肠等。所供应咸鲞，有醉鲫、醉瓜、油筒鲞等。柜台陈列样盆，任客挑选。有时到货充沛，用竹箪盛装，在店门口设摊，便于顾客选购。由于万隆地处闹市，备货齐，价格实，讲究服务，营业蒸蒸日上。

　　民国初年，陈国华、陈希亮、陈梦驹、陈舒仲等，集资3000元，将万隆盘进，合伙经营，以陈国华为首，掌握店中大权。陈国华精明能干，很有威信，人称"太上皇"。万隆重视信誉、质量，货真价实，童叟无欺，遂成享有盛名的老店。那时清河坊一带还是青石板铺的街道，路面狭窄。商店的遮阳帐蓬，连成一片，面对面的商店帐蓬相距很近。1926年某家商店不慎失火，很快殃及四邻，繁荣闹市成为一片瓦砾场，万隆也在这场火灾中被焚。当局乘此时机，拓宽路面，改建马路。万隆房屋本不宽裕，为了保持一定的店面，不惜巨金，购进贴邻蛋店房屋，建成三层楼洋房，即今万隆店屋。店面正中上方原塑有宝塔商标。

　　陈国华精明能干，善动脑筋，他聘用王根松为经理，王系海宁人，深谙腌腊业务，擅长交际，有丰富的业务经验。他主张大小生意结合，批零兼营，奉行货真价实。他与各地建立业务往来，有代销，有放账，有赊销。由于万隆灵活机动对待客户，各地同行以及南北货业皆慕名前来交易，名声大振。王根松又抓住时机，因势利导，改变经营方法，扩大咸肉腌腊部分，缩小咸鲞范围。除火腿向金华方面进货外，咸肉由本店精制。选用东阳、义乌细皮白肉的上等猪肉加工，不符合规格的一概不用。腌制的咸肉如质量不好，也不出售。上海的三阳、天福、邵万生是南京路上久享盛名的老店，他们都从万隆进货。这些店家，店面虽大，堆货的栈房却很小，营业员又怕脏厌油。为此，万隆将咸肉用荷叶包装，标上红色腊光纸的招贴，写明万隆老栈家乡南肉及地址，分成1元1包或2元1包，经常送到经销店。营业员感到手续简单，顾客方便，效果很

好，因而万隆咸肉在上海站住脚跟。除上海外，万隆咸肉还远销济南、天津、汉口、苏州、镇江等地。销往这些地区的咸肉，用特制的竹篓盛装打件。南肉精肥相隔，肥瘦均蓄，可口入味，质量远远超过北肉。杭州毗邻的新市、湖州、盛泽也销售万隆咸肉。销售面广，名声也愈传愈广。杭城王润兴饭店的名菜"盐件儿"，以酥香可口、糯而不腻出名，就是选用万隆咸肉，精心烹调而成的。

万隆为提高商店的知名度，于1927年春参加沪杭厂商联合举办的国货展览会。1928年12月杭州国货陈列馆新屋落成，其中亦有万隆商品陈列，在馆内吴山路一侧设店为营业点。1929年浙江省举办西湖博览会，万隆也参加展出，其西法卫生腿获特等奖状，并在里西湖设店供应。

万隆年利盈万，同业垂涎，纷纷设店争市夺利。清河坊的金华火腿公司、和济火腿公司，清泰街的大东阳、华丰，盐桥的信丰顺等，相继开业，竞相角逐。咸肉投资设店的以东阳、义乌两帮为主，万隆兼营腌腊鱼鲞。清河坊熙春

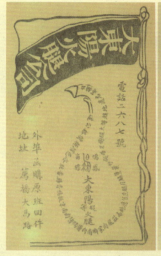

■左 杭州荐桥大马路大东洋火腿公司"鸣凤商标"火腿广告
■右 杭州大东阳火腿公司"超等蒋腿，本庄风肉"广告

弄口的金华火腿公司，与万隆相距很近，业务上的竞争是不言而喻的；但以火腿销售额来看，这两家都不是方裕和的对手，万隆的咸肉业务仍可列为榜首。后来金华火腿公司千方百计笼络王根松，聘王根松担任经理。万隆失去一员大将，陈国华力孤，陈希亮献策聘汪炳炎为经理。汪炳炎在上海冠生园任营业部主任多年，熟悉上海南北货行业。他接任后，仍按陈国华意志处事，为应付群雄追逐，主张远处抓住不放，当地居民生意不能丢，提高门市供应服务质量，货物充沛，明码标价。当时上等火腿零售每斤银元1元多，一般的每斤仅售七八角，愈风烧1元买4瓶，所以中产阶级的人家都能经常食用火腿。万隆咸肉每斤3角多，平均日销约三四百元。咸肉、风肉、火腿都是暑热季节人们喜欢的佐膳副食品，此时销路特好。

万隆新屋落成后至抗日战争前的十几年是它的黄金时期，由于能恪守信誉，虽有同业与其逐鹿争雄，万隆业务仍不衰疲。

抗日战争爆发，杭城沦陷，万隆货房被掠夺抢劫，损失不赀。此时工人已被遣散，股东老板有回宁波老家避难的，有去上海做寓公的，万隆停业。至1940年，万隆的职工有的从乡下来杭谋生，会集商议将万隆恢复营业，整理劫后余货，公推王福安暂时负责，以生产自救办法，维持困境。由于货源缺乏，本来北

■1949年上海北万有全火腿行售蒋腿发票

肉因质差不能与南肉相比，现在南肉货源中断，无货供应，北肉乘机进入杭州。

1943年，汪炳炎、董锡贤相继归来，正式恢复万隆营业。汪与董共同负责。

民国时期，杭州成立有腌腊咸货业同业公会，加入同业公会的有117家，同业公会设清泰路，万隆腌腊商店经理汪炳炎为理事长。

抗日战争胜利后，杭州与金华等地的交通恢复，货源有了来路，市场情况转好。不少外地来杭的旅游者，临行必然采购杭州土特产品作为馈赠亲友的礼物。万隆的咸肉、火腿营业回升。汪炳炎体念下情，增加职工工资，遇事与职工协商，深得职工拥戴。后当局以"限价"措施控制市场，工商业者为此遭到一次浩劫，而有权有势的官商，则大发国难财。在这惊涛骇浪之中，万隆也不例外，损失不小。因此，股东对汪炳炎产生意见，认为汪对限价没有对策，没有预见。汪炳炎有苦难言，情愿让权与董锡贤。此后由董锡贤担任经理，汪负责具体工作。

建国后，万隆重振旗鼓，同心协力搞好企业。1956年全行业公私合营，万隆归市水产公司领导。"大跃进"开始，万隆被并入方裕和南北货店。"文革"后，万隆从方裕和划出，在原址单独开设，曾将万隆改为杭州腌腊商店。1989年恢复"万隆"招牌。1993年4月，万隆与定安路肉店、炭桥菜场组建"杭州万隆实业有限公司"，以贸易为主，集餐饮、加工为一体，经营食品、副食品两大类千余种商品的批发、零售业务，下属实体单位有万隆大酒家、万隆火腿庄、万隆腌腊批发部、定安路肉食商店、杭州柳莺食品商场及广州、成都、南京、昆明分公司，1995年，公司销售收入突破2.5亿元大关。

1996年6月，万隆在古荡开设加工厂，加工香肠和咸肉，月产量分别达到30吨和50吨。

　　20世纪90年代末，万隆每年销售火腿15000只左右，享誉海内外。

　　火腿数万隆，万隆还在清河坊；万隆名声更响亮，万隆生意更兴旺！

资料链接·万隆腿栈

　　万隆腿栈（前身万隆腌腊鲞号，即今万隆火腿庄）是一家有140多年历史的百年老店。

　　万隆经营的火腿，必从用我国名种猪"金华两头乌"腌制的"金华火腿"的主产区东阳、永康两市进货；咸肉是采用东阳、义乌两市交界的"东阳花猪"。由于经营的商品来路正统，火腿的批发生意直做到长沙、洛阳、开封、上海、南京、北京等地。

　　清宣统二年（1910），鲁迅先生任教于浙江两级师范学堂时，曾到万隆买过火腿。1928年7月12日，鲁迅先生来杭州，虽只住了四天，又光顾了万隆。据该店老职工回轧，那次鲁迅先生来万隆买火腿，还与店里的绍兴籍伙计拉了家常，询问一些家乡、家庭情况。鲁迅定居上海后，还经常托人到万隆、翁隆盛买火腿和龙井茶叶。

　■2006年12月，在北京饭店由商务部再次重新认定杭州万隆肉类制品有限公司为首批"中华老字号"，证书编号：11028。

○始创于清·光绪元年(1875)○

颐香斋食品商店

杭城的茶食老字号当数颐香斋和采芝斋。颐香斋创立于清光绪元年（1875），是名副其实的百年老店，以自产自销苏式糕点出名，因质量上乘而誉声杭嘉湖地区。

南宋的许多古籍如《梦粱录》、《武林旧事》等，记载有许多古代杭城的精美食品，但都久已失传。清代杭人丁立诚的诗篇，却记载着至今仍可在清河坊、吴山一带品尝到的美妙食品。《武林杂事诗》有《城隍山说饼》诗曰："吴山楼头江湖景，品茶更食酥油饼。酥油转音为蓑衣，如人雅号纷品题。公羊家言左谷异，且自咀嚼江湖味。考证江湖古所通，可知名士画饼充。"雅士群坐吴山，边品龙井名茶，边尝吴山酥油饼。兴致浓郁，考证钱塘江、西湖原相通。丁立诚《武林市肆吟》诗曰："酪酥香出饼世家，非制蓑衣即韭花。切莫相随名士画，见沧楼上试新茶。"还有说明：见沧楼在吴山，吴山蓑衣饼驰名，茶叶龙井明前为最。还有描绘"擦酥饼"诗，曰："屑屑糖霜屑屑麻，堆盘美软亦胶牙。分明黑白添新样，不数当湖姑嫂家。"并有说明：捣麻和糖印成小块，名曰"擦酥"，相传吴氏蓑妇秘制也。蓑妇即寡妇。可见，杭城自古以来糕饼类食品就丰富多彩。

颐香斋创始人葛锦山，苏州洞庭西山人氏。年轻时在故乡一家南货店学手艺，后辗转来杭谋生，在钱庄当铺林立、富豪人家群居的清泰街摆了一个小摊，以现做现卖定胜糕谋生。葛锦山做事一丝不苟，做糕讲究质量，待客十分和气，时久便结识了附近一位姓李的老主顾。李氏是个候补七品官。在交往中，李氏看出葛锦山虽是小本商贩，却为人诚恳胸有大志，并通晓经营之道，决非寻常之辈。一日，李氏特地将葛锦山叫到家里，决定将义井巷口的一开间门面资助葛氏开店，取名为颐香斋。自此，葛锦山走上了经营茶食之路，成为颐香斋的创始人。

葛深知糕点好坏与手艺的高低密切相关，因此就到处寻觅名师。首先请来做油面的苏州老乡华金宝，继又请了糕点师父曾双林，加上葛锦山本人的钻研精神，使糕点品种逐步增加，并不断创新，形成了自己的特色，颐香斋的声名也就与日俱增，店面也从一间扩展到了四开间。但清末之时政府腐败，地方恶势力嚣张，公然勾结官府敲诈平民百姓，颐香斋也受到"惠顾"。葛锦山见

■颐香斋食品

此情景，四处托朋友说好话，花了500银洋，捐了一个官衔作为挡箭牌，自此总算站稳了脚跟，日子才过得安耽。

1912年葛锦山去世后，其子葛叔安继承父业，又有开拓，将1个工场扩展到3个工场，并以高薪请来了龢香斋的俞德泉师傅，专门负责鱼干、酱鸭的制作，又聘请阮六三师傅专门从事炒货和卤味的加工；"跷脚雨泉"则负责小糖制作，从而大大拓展了经营门类，实现了从自产自销到批零兼营的过渡。由于糕点集苏、宁、徽三式之精华，自成一派，颐香斋生意越做越好，顾客盈门，名播杭城。颐香斋的糕点配方有"三重"特色，即重色，色深不焦，香味浓郁；重油，油而不腻，入口酥松；重糖，甜味适口，绵软柔糯。因此，颐香斋糕点的销售量日增。每天凌晨，众多小贩到颐香斋去兑货，四处叫卖，北到拱墅，南至江干，大街小巷，到处可以听到"颐香斋的方糕、黄条糕……要哦"的叫卖声不绝于耳。

颐香斋的糕点，创出了杭州的地方特色。自民国初期至抗战前期，是颐香斋的全盛时期。葛叔安掌管颐香斋后，在继承父业的同时又有新的开拓，如增加咸货、酱品、卤味、小糖、炒货制作，并加强对配方与选料的要求，如：用料必须道地，糯米用丹阳的、绵白糖用台湾的、面粉用三鹿牌的、玫瑰花用湖州的、山核桃用昌化的、桂花用杭州满觉陇的，所用的板油要新鲜，豆油必须黄里透亮，连辅料中的青梅、红绿丝都是自己精心加工。他继承父亲遗训："原料不合要求，宁愿不做。"

由于用料讲究、配方严格，加之名师主炉，颐香斋的糕点确是脍炙人口，名满杭城：先以潮糕出名，继之扩大燥糕与炒货、酱卤制品。潮糕是一种含有一定水分的糕点，难以久存，必须卖得新鲜，品种有方糕、黄条糕、条头糕、薄荷糕、水晶糕、松子糕、茯苓糕，等等。燥糕如香糕、饼干、椒桃片、云片糕等外加包装，保质期长，宜作为礼品馈赠亲友。

颐香斋著名传统糕点有数十种，最具代表性的是：条头糕、方糕、绿豆糕、麻酥糖、椒桃片、小清沙与苏式月饼。

颐香斋的经营方式，也有与众不同之处：其一，十分重视季节性。四时糕点各有特色，如春季重视各种小糖，夏季则增加茯苓糕、薄荷糕，入秋抓好月饼供应，冬季因已近年关，则着重产销各种年糕与酥糖、礼品糕点之类，季季有重点，季季显特色。其二，以销定产，产品新鲜，包装讲究。以月饼为例，均属当天生产，翌日包装，使用薄木片盒，上下衬箬叶，中间再垫纸，外包白色道林纸，既富有浓郁的江南地方色彩，又清洁卫生利于贮藏携带，不易霉变破碎。届时，颐香斋还在店门口摆出炉子、面板，挂出细沙、榨菜、鲜肉月饼的招牌，明火烘烤，现做现卖，当众显示用料及加工质量，以招徕顾客。这一经营方式至今仍为杭城许多食品店所效仿。其三，业务经营方式灵活，有一个

杭州老字号系列丛书

美食篇

■20世纪80年代颐香斋生产车间

■20世纪80年代颐香斋检验人员正在检测产品

四通八达的销售网络。它销售潮糕，每天清晨，既做批发，又做门市。批发可以赊账，卖出后再回钞，以吸引小贩。每天凌晨，就有许多小贩批去沿街叫卖，走街串巷的吆喝声，不啻是为颐香斋做了活广告，这也是颐香斋能够蜚声杭城的重要原因之一。

葛锦山创业的颐香斋，由其子葛叔安继承以后，发展很快，是为经营的全盛时期，每至中秋来临，颐香斋、方裕和、五味和三家所生产的月饼，在杭州各树一帜，被称为杭州月饼的"三鼎甲"。

至1931年前后，颐香斋除不动产及生产器具外，已拥有流动金5000元以上，师傅、帮作及职工60余人，联系流动小贩计达100余人。

此时，葛叔安经营得法，踌躇满志。不料抗日战争爆发，杭州于1937年12月沦陷，颐香斋老板举家逃难。糕饼店的制作工具、原材物料多笨重难移，只好留在店内。日寇进入杭州初期，杭城市内人口逃逸一空，于是一些地痞恶棍，连同日本军人，将一些著名店铺抢劫一空。颐香斋也在劫难逃，蒙受重大损失。

之后，日伪政权为了粉饰太平，让各厂店复业，以支撑门面。为此外逃者纷纷返杭，葛叔安也回到杭州。颐香斋劫后余生，勉强开业，但机器破损，师傅星散，经营分外惨淡。葛叔安也因体力不济，一病不起，不久便弃世而去。后由其长子葛桂荪负责，因葛桂荪有病难以料理，就将其转让给堂兄葛蕙荪经营。当时外表看来仍挂着颐香斋金字招牌，实际上已是外强中干、徒有虚名了。

1946年《浙江工商年鉴》记载，杭城有茶食糖果店120家，成立有杭州茶食糖果业同业公会，会址在三元坊巷，理事长即为颐香斋老板葛蕙荪。

至1946年，葛蕙荪因涉政牵累，又将企业交给葛桂荪的胞弟葛嘉荪来掌管。1951年，葛嘉荪无力经营，将颐香斋盘给上海同业许炳华。从此，颐香斋脱离了葛氏家族，属于他姓。葛氏颐香斋存在前后共整整70年。

1956年，颐香斋进行公私合营改造后成为国营全民所有制企业，工商登记为杭州颐香斋食品厂，主要生产糕点及中式小糖。1958年，孟大茂香糕工场并入"颐香斋"，使之规模有所扩展。1966年"文革"初期，"颐香斋"字号被视为封、资、修产物，一度更名为杭州向群食品厂。拨乱反正后的1985年，才恢复老字号杭州颐香斋食品厂，并于1993年，被中华人民共和国国内贸易部认定为"中华老字号"企业。1995年，颐香斋兼并杭州慎大食品厂，生产规模有了较大的拓展。随着我国经济的改革开放，国有企业体制改革的不断深入，2001年，颐香斋改制后成立了杭州颐香斋食品有限公司。企业以崭新的经营理念和市场价值观不断开拓创新，特别是继承和发扬传统茶食文化，把历代传人传承下来的配方秘诀与精湛独到的工艺有机地融入到现代先进的加工技术中去，生产和开发出具有颐香斋独特风味的四季茶食名点：春有团子、年糕、绿豆糕等；夏有冰雪糕、立夏饼等；秋有苏、广式月饼等；冬有酥糖、麻糕、桃片、八宝饭、浇切片，等等，全年循环生产产品达230余种之多，一年四季，季季显示出特色。特别是中秋节的月饼，有三四十个品种，经过改良与更新，已经成为杭州月饼的代表之作。如月饼的软馅，坚持自己加工、炒制，不外购社会产品，一方面保持独特的风味，另一方面也确保安全卫生。因有独特风味，颐香斋光月饼一种，年销售量即达700多万元，成为颐香斋的主打产品。

企业自改制以来，技术革新投入达200余万元，大大提高了机械化作业程度，使管理越趋规范。2006年，完成销售收入达900余万元，是企业改制当年的165％，可见效益之提高，此外，实现利税78万元，给国家也作出了更大的贡献。

2005年，颐香斋29类食品的品牌商标，成功注册就位，2700平方米新厂房动工兴建，为企业继续传承美食，进一步开发新产品拓展了市场，同时为弘扬

■获1988年首届中国食品博览会金奖　　■2002年全国糕点行业"中国名点"荣誉证书

老字号颐香斋品牌及公司今后的发展，打下了坚实的基础。

老字号颐香斋，以货真价实的配料、传统精细的工艺、独特纯正的风味创出了名店的品牌。现在，代表着颐香斋品质和荣誉的麻酥糖、椒桃片、浇切片、潮糕、麻糕、香糕、西湖藕粉等已经成为杭州著名特产；享有盛名的、一年一度的"颐香"月饼尤负盛名，频频获得殊荣，产品营销浙江大地，声名远播大江南北。

颐香斋以承接传统理念"独创配方、独特工艺、独有风味"为己任，坚持"开拓创新、产品优质、诚实经营、优良服务"的企业宗旨，使得自身得以不断发展，终于逐步成为集传统与现代工艺于一体的专业食品加工企业。

文化造就特色。"甘而多饴、含英咀华"是颐香斋创业、树牌、开拓、发展、品牌百年不倒的企业文化主脉络。全体颐香斋员工在现任总经理茹建来的带领下，正从中吸取营养，不断创新，为迈向更辉煌而远大的前景而奋斗着！

资料链接·陈从周馈赠颐香斋传统食品单

20世纪80年代的一年春天，杭州百年老店颐香斋食品厂厂长收到上海同济大学寄来的一封厚信，感到十分意外，因为该厂与同济大学素无交往，打开一看，里面竟装着一份古色古香的册子，标题名叫《旧藏饼饵干鲜果品货单》。这份传统食品单24开，共8大张16页，所录的均系清末民初国内著名店铺所产的南北干果饼饵食品。其中有天津北门外大马路"同发成"、北京前门大栅栏"聚顺和"等外地老字号名店的，也有杭州本地的百年老店如"颐香斋"、"陈元昌"、"景阳观"、"采芝斋"等八家的传统食品单所列的商品，有南北干果、山珍海味、各种糕点、蜜饯、糟货、露酒以及罐头等，尤以杭州生产的茶点糕饼等最具特色，且品类繁多，阅后令人叹为观止。比如，介绍颐香斋的，就有味梅、果脯、各种云片糕、月饼、糕点达200余种，其中相当一部分已经失传，期待挖掘、恢复。

颐香斋食品厂厂长收到这样一份珍贵且不可多得的传统食品单后，兴奋不已，这里面有多少文章可以做啊！这对颐香斋这家百年老店的发展将起多么巨大的推动作用啊！

这份宝贵的传统食品单是谁寄来的呢？他为什么要寄给颐香斋的负责人呢？

原来，距此不久前，我国著名的园林专家、同济大学建筑系教授陈从周怀念起中学时代在杭州读书时吃过的颐香斋美味的糕饼，于是写信给杭州的亲属，托他们帮助买一些传统名特食品寄去，结果未能如愿，这些糕饼全部都停产了，使他深感遗憾。他在杭州的亲属出于无奈，只好拍了一些该店的门面照片寄去，以慰陈教授长思。

一天，陈从周教授的友人邓云乡先生登门造访，在他的书斋"梓室"里，见到一份传统食品单，如获至宝。原来是陈教授内侄蒋霙一先祖蒋锳又先生所录之册，便建议陈将其公之于世，以供食品商家开发之用。

陈从周教授有感于一些传统美食"其不传亦久矣"，便将这份家藏食品单予以整理，并写了序言，邓云乡先生亦写了跋，对食品单作了高度的评价。陈教授寄给颐香斋食品厂厂长的，就是这样一份既具有文物价值又有开发价值的传统食品单。

自然，除了介绍了一些清末民初的颐香斋的食品外，该单还介绍了杭州另一家百年老店景阳观经营的酱品、腐乳、糟货等品种达230余种，像鸡汁鱼翅、五香乳鸽、美味醉蟹、翠微虾酱、火腿腐乳等，不少都已失传并停止了市场供应。

上述阐述，足以反映出近百年来杭州老字号饼饵干鲜果品及腌腊食品生产经营的盛况与特色，无疑是一份宝贵的商业文化遗产，客观而言，对今日的开发与发扬光大亦具有重要的意义。

资料链接·潮糕

潮糕是杭州民间传统的早点糕饼。潮糕又称朝糕。这种朝糕，据说原是专供上早朝官员吃的糕点，起源于南宋。后来，传入民间，因这些糕点都在早上当点心食用，故沿用"朝糕"之名。

杭州制作的朝糕，大都以米为主要原料，配以各种果品、调料，品种有：黄条糕、水晶糕、薄荷糕、绿豆糕、豌豆糕、茯苓糕、松花团子等十余种。以颐香斋、五味和等百年老店制作的朝糕最负盛名。朝糕除在店面门市有售外，还有零售小摊小贩，提篮顶盘，街头巷尾、茶楼酒肆，到处叫卖。旧时，每天清晨，"颐香斋条头糕"乡音声声，悦耳动听。

○始创于清·光绪二十七年(1901)○

翠沁斋清真食品

杭州翠沁斋清真食品有限公司，已有百余年的历史，是一家以清真食品为特色的食品生产与销售企业，也是浙江清真食品的龙头企业，在浙江省内外具有较高的声誉。

中国清真饮食之声誉，由来已久。元代清真食品就已经形成了规模，而且很多清真菜肴和小吃还进入了宫廷。到了清代，全国穆斯林人口增加，分布广泛，从事清真餐饮业的穆斯林已经十分普遍，体现了"回回遍全国"的意义，还有一大批宫廷清真小吃在民间流传，如凉糕、撒糕、切糕、甑儿糕、芙蓉糕、蜂糕等。在这一期间，全国各地都涌现了一些较有名气的清真食品和清真餐饮老字号企业，杭州的"翠沁斋"就是其中具有代表性的一个。

杭州翠沁斋创办于清光绪二十七年（1901），相传创始人为来自京城的回民常江。为躲避北方战乱，常江带着自己的妻子来到杭州清泰门开了一家名为"翠沁斋"的茶食作坊，专营清真式茶食糕点。常江家族有经营清真食糕的传统，来杭后继承祖业，并在杭州落下了根。每到开炉时，常常香满全街，而品尝过这里糕点的百姓，都感到色香味俱全。"翠沁斋"糕点就这样一传十、十传百，誉满杭城，生意也越做越大。常江有一徒弟叫唐根生，虽是汉族人，但他勤奋好学，手艺高超，深得常江信赖和喜欢。民国初年，常江将"翠沁斋"茶食作坊交给唐根生（1885－1937）执掌。作为清真食品，"翠沁斋"从一开始便按照回族的饮食习惯，食品的加工、制作符合清真的要求，不仅受到了少部分在杭回民的喜欢，更重要的是得到杭州的百姓，特别是中老年人的青睐。在汉族人唐根生后续的经营中，"翠沁斋"作为清真食品的理念始终未做改变。

唐根生平时辛苦经营，日夜操劳，身体又缺少保养，40多岁时已积劳成疾，50多岁便辞世。唐菊泉是唐根生的小儿子，13岁起就在"翠沁斋"学习茶食糕点的制作，帮父亲打点作坊里的一些工作。20世纪20年代末，"翠沁斋"糕点制作师傅潘邦安（1894－1985），自立字号，创办"万里香"，当时的门店设在解放路葵巷口（与现在翠沁斋销售门店隔街相望）。唐根生去世后，"翠沁斋"由其子唐菊泉（1915－1996）继承经营，并将店名改为"味芝斋"。

■上左 翠沁斋分离出来的"万里香"创始人潘邦安　■上右 翠沁斋分离出来的"味芝斋"创始人唐菊泉
■下左 20世纪50年代味芝斋职工方传寿，现年96岁　■下右 20世纪70至80年代初杭州光明食品厂职工、
原味芝斋老员工方国明，现年85岁

在抗日战争前，经过几年的良好经营，"万里香"、"味芝斋"都初具规模，也渐有名声，与当时的采芝斋、颐香斋、天香斋具有同等名气，享誉杭城。两家店坊都有10名以上的伙计和师傅，其中也有从店老板亲戚过来协助经营的，好似现在的家族式企业。"万里香"、"味芝斋"的主力产品是糕点，此外麻酥糖和月饼也都做得比较好。为方便顾客购买，同时也扩展自己生意，门店做的产品有时还要挑到外头，走街串巷地售买。老字号一个显著的特征和赢得市场的法宝是诚信经营，"万里香"、"味芝斋"同样如此，狠抓质量。据潘邦安之子潘长炎介绍，师傅对徒弟的糕点和茶食制作有严格的要求，一旦遇到徒弟"缺斤少两"，体罚是在所难免的，因此学徒们不敢怠慢，严格要求自己。

民国二十六年（1937）12月，日军侵占杭州，许多商家关闭歇业，不少大中商号内迁，经济萧条，每况愈下。"万里香"、"味芝斋"也不幸被日本兵抢夺，损失惨重，经营几乎宣告停止，直到建国前夕才逐渐恢复元气。从20年代末到建国前夕，"翠沁斋"字号虽已搁置，但"万里香"、"味芝斋"两家字号基本保持"翠沁斋"的工艺和特色，都将清真茶食和糕点更进一步发展。

1958年，人民政府对工商业进行公私合营，对前店后坊的私营工商户进行合并，"味芝斋"、"万里香"等中小型的食品作坊合并组建成工厂化生产的杭州光明食品厂，厂址就设在庆春路花灯巷内。原先的私人作坊的老板，成为工厂的生产或管理者。

公司合营后，杭州光明食品厂隶属于下城区糖业烟酒公司。直至1978年为市属企业，隶属杭州市糖业烟酒公司，主管局为商业局（二商局），现在为杭州商业资产经营公司。

十年"文化大革命"期间，杭州光明食品厂受到冲击，发展迟缓，许多资料也在"文革"中遭到破坏丢失。1979年3月，也就在"文革"结束后，原"味芝斋"创始人唐菊泉先生之子唐宝强进入杭州光明食品厂工作。从1980年

■20世纪80年代翠沁斋职工生产月饼场景

12月到1985年，唐宝强担任杭州光明食品厂厂长，领导企业向前迈进。

改革开放后，我国食品工业有了长足的发展。伴随着中国政治体制的改革和经济的开放复苏，在经过半个世纪的曲折发展之后，"翠沁斋"这一百年老字号终于得以恢复，散发出更加灿烂的光芒。

1985年3月，杭州市政府按市人大[83]3号提案，恢复杭州翠沁斋清真食品厂，经营清真茶食糕点、固体饮品、西湖藕粉，并在原址上翻建了厂房。"翠沁斋的产品的原辅料配方、操作工艺、包装、设备等均严格按照回民清真食品的要求"，以满足本市及外地来杭的中外穆斯林人士对清真食品的需求。

进入90年代后，杭州翠沁斋坚持自己的清真食品的特色，同时加快了改革与发展的步伐，企业实力和品牌影响也在不断得以提高。1995年6月，作为杭

州市商业企业试点单位，进行企业改制，由原市属企业所有制企业，改制为股份合作制企业。

2003年8月，经杭州市政府批准，进一步转换机制，引进第二次改制，由原集体股、个人股的股份合作制企业，按公司制改制为由全体员工持股的股份制企业，改制后称杭州翠沁斋清真食品有限公司。

2004年，翠沁斋通过认证，全面导入了ISO9001:2000标准质量管理体系，使供应、生产、储运、销售等过程都进入了严谨的、科学的控制程序。在企业发展的过程中，杭州翠沁斋厂房前后有三次搬迁，每次都与杭州城市的拆迁与改造有关：1997年6月，因杭州市庆春路、东河改造，杭州翠沁斋由杭州庆春路花灯巷搬迁到清江路289号，搬迁后的新企业厂区占地8亩，生产经营面积有4000平方米；2002年6月，因杭州钱江新城的开发区建设，杭州翠沁斋搬迁至杭州望江路12号，占地6亩，生产经营面积4500平方米；2006年6月，因杭州望江区块拆迁改造，企业搬迁至杭海路728号（目前的厂址），厂区占地10亩，生产经营面积达5000平方米。

　　中国清真食品是中国穆斯林食用的、符合伊斯兰教教法条例食品的统称。"清真"是中国回族穆斯林对伊斯兰教的专用名称。"清真食品"翻译为阿拉伯语"泰阿姆伊斯兰"，就是"伊斯兰教食品"。中国清真饮食的起源，应该

■翠沁斋现代化生产厂房

178

■翠沁斋特色产品

说和伊斯兰教传入中国是同步的。伊斯兰教非常重视穆斯林的饮食生活，守伊斯兰教饮食律例，作为穆斯林的一个标准。所以穆斯林的饮食生活，也成为伊斯兰教的一个显著的特征。

　　杭州翠沁斋的创始诞生，是以回民的全国迁徙和清真食品全国的流传推广为背景的。翠沁斋的创始人为回民，从字号创建开始，一直延续百年至今，翠沁斋基本都保持着作为清真食品的经营特色。随着改革开放以及民族政策的落实，翠沁斋得到了前所未有的发展机遇，同时将中国的清真食品文化进行了继承和发展。目前，翠沁斋已经是国内拥有较高声誉的清真食品老字号企业之一。

翠沁斋以专业生产清真传统茶点著称，其代表产品杭州麻酥糖、椒桃片、密三刀、绿豆糕、西湖藕粉等是杭州地区、浙江省内家喻户晓的认牌选购产品，是消费者的首选品牌。

麻酥糖相传在南宋建都杭州时已为宫廷御点，以独特的生产工艺和技能而著称，至今仍保留着传统手艺、全手工操作方式，产品选用优质黑芝麻、配以白糖、桂花等辅料，经洗、炒、碾、烘、熬、拌、捻、卷、整、切、包、定十二道工艺，才能完成产品全过程。该产品荣获"中国名点"称号和杭州西湖博览会优秀旅游商品奖。

密三刀，又称密麻花，系清真京式传统名点。该产品口感甜蜜，软中带酥，油而不腻，工艺讲究，是清真京式茶点的代表产品，并获全国特色糕点奖。

清真广式、苏式月饼，以传统配方、工艺与现代烘焙技术相结合，从传统米仁类、芙蓉类等口味，发展为新原料、新口味的蛋黄类、果酱类、水产类等。翠沁斋月饼连续10年为全国质监中心抽检合格产品，荣获中国月饼节名牌月饼和全国月饼生产先进企业的称号。

杭州翠沁斋清真食品有限公司生产的多个名点在部、省、市各级的行业评比中曾多次获奖。系中国清真食品协会会员企业，中国焙烤糖制品工业协会常务理事单位，全国糕点专业委员会理事，杭州市食品协会理事单位，为中国焙烤食品百家名厂，全年工业生产值达3000万元。目前翠沁斋在杭州市区拥有两个零售终端，企业产品除进入本地的商厦、超市、旅游景点外，还大量销往西北等地区，成为全国知名、浙江最大的清真食品生产经营企业。

传承百年事业，树立百年品牌。老字号翠沁斋始终以开拓务实、锲而不舍的精神，在改革开放和市场经济大潮中，继承和发扬传统食品文化，把精湛的传统工艺与现代科学有机相结合起来，生产的产品受到了广大消费者、穆斯林少数民族和来自海内外的中外游客的欢迎。

21世纪是绿色消费渐成时尚和潮流的世纪，绿色环保食品已经愈来愈受到广泛的青睐和关注，而以"清正纯真"为特色，以"卫生卫性"为目的的清真食品将迎来更加美好的未来，杭州翠沁斋也将以振兴百年老字号为己任，不断开拓进取，创建更加辉煌的明天。

资料链接·伊斯兰教宰牲节

回族多信仰伊斯兰教，在居住较集中的地方建有清真寺，由阿訇主持宗教活动，经典主要是《古兰经》，信徒称"穆斯林"。生活习俗固守回族传统，遵循教规，讲究卫生，不吃猪肉。

伊斯兰教在回族的形成过程中曾起过重要作用。清真寺是回族穆斯林举行礼拜和宗教活动的场所，有的还负有传播宗教知识、培养宗教职业者的使命。清真寺在回族穆斯林心目中有着重要位置。

按伊斯兰教历，每年12月10日为古尔邦节。每年的这一天，形成的宰牲献祭的习俗沿袭至今。

另外，伊斯兰教规定，每年教历9月为斋月。在斋月里要封斋，要求每个穆斯林在黎明前至落日后的时间里，戒饮、戒食、戒房事……其目的是让人们在斋月里认真地反省自己的罪过，使经济条件充裕的富人，亲自体验一下饥饿的痛苦心态。到教历10月1日即斋戒期满，举行庆祝斋功完成的盛会，这一天就是开斋。开斋节这天，人们早早起床、沐浴、燃香，衣冠整齐地到清真寺做礼拜，聆听教长讲经布道；然后去墓地"走坟"，缅怀"亡人"，以示不忘祖先。

○始创于清·光绪二十七年(1901)○

蒋同顺食品商店

杭州蒋同顺副食品土特产商店，始创于公元1901年（清光绪二十七年）。初始称为：蒋同顺茶食糕点铺。创始人蒋涂奎，字尉轩，杭州市人。他在清朝光绪初年离杭州进北京，在清朝皇宫御膳房当差，任糕点师，为清宫御膳精心制作茶食和糕点。蒋涂奎于光绪二十七年离京返杭，当年在杭州市西湖区留下镇开设"蒋同顺茶食糕点铺"，以前面店铺后面作坊的形式，自产自销茶食糕点类食品。

蒋徐奎凭着祖传的制作面食糕点类食品的精湛手艺，以及在北京清宫御膳房当差二十多年的实践经验，制作几十种糕点类食品畅销杭城。蒋同顺品牌的食品讲究选料上乘、投料充足、制作精巧、口味适宜，而且价格公道、诚实经营、生意十分兴隆。当时蒋同顺糕点的经营特色是"品种齐全，适时应节"，为此，广受"老杭州"们的青睐。如初春时节做太阳糕、玫瑰糕；清明节做青团、青糕；初夏端午节做薄荷糕、粽子；盛夏伏天做绿豆糕、水晶糕；初秋做月饼，中秋时节做桂花糕；冬天做潮糕、油糕；春节做年糕。每逢我国民族传统的重要节日，如清明节、端午节、中秋节、春节等，"蒋同顺"经销的节庆时令糕点总是供不应求。蒋同顺掌柜并不满足于自己精通祖传和御膳的糕点制作技艺，还虚心学习民间流传的糕点制作诀窍。蒋掌柜常在杭城市面上流连考察，买回其他店铺的糕点食品，掰开揉碎，仔细研究，还亲自品尝，进行分析。经过多年取长补短的艰苦努力，"蒋同顺"糕点不仅外形美观，而且内质细腻、松软酥脆、美味可口。由此，蒋同顺的糕点食品质量有口皆碑，其诚信经营的知名度蜚声杭州，远播省内外。

　　1984年，蒋徐奎之女蒋玉莲，决心重新恢复和振兴"蒋同顺"这个几臻湮没于尘世的老字号。于是在杭州市的望江门附近开张杭州蒋同顺副食品土特产商店。在改革开放搞活市场经济的新形势下，"蒋同顺"面临新的机遇和挑战，蒋玉莲之子、蒋徐奎的外孙张家龙成为现今"蒋同顺"的掌柜和继承者，是这家百年老字号的正宗传人。年近不惑的张家龙，他那微显黑瘦的脸上透露出淳朴和成熟。说起传承这块百年老字号"蒋同顺"的金字招牌，他满怀深情地说：在跌宕起伏的历史发展进程中，先辈以自己非凡的勤劳和智慧，创造了中华老字号"蒋同顺"。这块沉甸甸的金字招牌里面，凝聚了多少先辈的心血和汗水。先辈们以自己卓越的专长，数十年如一日在市场竞争中顽强拼搏而发展壮大，从而在杭城及省内外形成巨大的影响力和美誉度，这就是极珍贵的祖

杭州老字号系列丛书　美食篇

■蒋同顺创始人蒋徐奎，字尉轩，杭州市人。曾在清朝皇宫御膳房当差，任糕点师。

传瑰宝。这是难能可贵的无价之宝啊！我作为"蒋同顺"的传人，既感到无比的自豪，又感到巨大的压力。我常常在心里琢磨的问题是：在当今的新形势下，如何将百年老字号"蒋同顺"的品牌发扬光大。

是的，世间的一切事物都在不断的发展变化中，许多著名的中华老字号企业，在社会经济转型和市场发展变化的情况下长盛不衰，就在于经营者对开拓创新、因势而变的经营理念有比较清醒的认识。他们能够根据自身的传统优势，适应不断变化的外部商场环境和消费需求，紧跟时代潮流，从而确保自己在汹涌的经济大潮中永远立于不败之地。张家龙是这样想的，也是脚踏实地地这样去做的。

"蒋同顺"原来传统经营的仅是茶食糕点类食品，在新的市场需求形势下，经营范围显得狭窄。而现在开拓经营内容是副食品和土特产，比原来传统的经营范围扩大了数十倍。光是土特产就有糕点类、蜜饯类、糖果类、炒货类、南北干货类等五大类上千个品种，从而为开拓市场、发展经营，提供了一个施展身手的广阔平台。张家龙为了维护"蒋同顺"的经营信誉，将所有经营的副食品土特产的几千个品种，全部注册为"蒋同顺"商标。

　　在经营管理上，张家龙切实发扬"蒋同顺"的优良传统，严格按祖传规矩办。一是进料进货必须是优质产品的供货渠道，并亲手进行仔细检验保障质量无误。如进货的山核桃，要求一等品每斤不超过120颗，二等品每斤不超过140颗，残次为零。二是善待雇工，增强企业凝聚力。现在"蒋同顺"招聘的几十名员工绝大多数来自外地农村。对新进店的员工，张家龙通知食堂每天工作餐（中、晚两餐）都供应红烧肉和荤菜，用上等粳米做饭，特地改善伙食。几

■现场制作糕点

■香气扑鼻、金黄酥脆的"蒋同顺"龙井茶饼

个月后，才慢慢地荤素搭配。每到盛夏高温季节，是经营业务的淡季。"蒋同顺"不会因此减员，而把员工分成二班制，每天只上半天班，工资照常及时发放，还供应清凉饮料及做好防暑降温。到冬季春节前后，是经营业务的旺季，"蒋同顺"便合理安排员工，让他们分批轮休回家乡探亲过年。员工如果遇到特殊困难，老板便会热情帮助解决。由于继承了"蒋同顺"善待雇工的祖制和传统，采用人性化的管理，"蒋同顺"形成了内部团结和谐的氛围，企业的人员相对稳定，员工都能为企业尽心尽力。"蒋同顺"因企业内部和谐增强了凝聚力和市场竞争力，既取得较好的经济效益，也为创建和谐社会作出贡献。

　　"蒋同顺"这家杭州既普通又典型的"中华老字号"，面对经济全球化的

■蒋同顺传统产品

激烈市场竞争，凭着自身活力和无穷张力，重展雄风地翘首屹立在杭州河坊街139－141号。它让人们敬佩，它让人们赞叹！如果说"中华老字号"积淀了中华文明的精华，成为我们优秀民族工商业的宝贵财富，那么"蒋同顺"就是工商文明成功的标志。如果说众多"中华老字号"是我们东方休闲之都的历史人文瑰宝，那么张家龙就是"蒋同顺"在新时期活着的缩影。中华老字号如同光彩夺目的钻石，可以在不同条件的光线下，在不同角度的视线里，能够放射出各种不同的奇异光彩，由此更显示了老字号无比珍贵的人文价值。"蒋同顺"的确有其鲜明的特色，如同其传人——张家龙倔强的个性，从而成为百年老店聚集的风水宝地——清河坊的一颗耀眼的明星。

○始创于清·光绪二十九年(1903)○

不可胜尝五味和

五味和，即现在的杭州市食品酿造有限公司杭州利民食品厂，创建于清光绪二十九年（1903），创始人为清末绍兴府都督王金发，最初店址设在杭州庆春街小福清巷口，店务委其亲信董金芳掌管。冠名"五味和"，取意"五味之变，不可胜尝"。

五味和，创建于清光绪二十九年（1903），创始人为绍兴府都督王金发，最初店址设在杭州庆春街小福清巷口，店务委其亲信董金芳掌管。冠名"五味和"，取意"五味之变，不可胜尝。"

1916年，由于创始人王金发调任地方，便将经营了十多年的五味和盘给了安徽人汪昌隆。汪昌隆颇有经营头脑，聘请了家乡的糕点名师来到杭州，从安徽采办名特农产品做原料，制作重糖重酥的四季徽式茶食糖果，并在店门口贴出广告，大肆宣传，于是生意兴隆，成为杭城徽式茶食的主要经营商，同时也经营一部分苏式糕点。

在此后的很长一个时期，五味和的大麻饼、麻酥糖、椒桃片、寸金糖、枇杷梗、洋钱饼、大桃片、玉带糕、太史饼、苏式百果月饼等产品，名扬杭城和周边地区，百姓们纷纷慕名前往购买。

抗日战争爆发后，杭州沦陷，城内众多商家大多倒闭或迁走。五味和也迁至金华，勉强维持经营，直到抗战胜利后又迁回原址。老店新开，但由于五味和在杭城百姓中还是颇有名气，再加上店家经营有方，获利颇丰，很快就恢复了以往的盛况。1950年，接盘"采芝斋"，成为杭城茶食私营商号首富。

建国后，经过社会主义改造，五味和实行公私合营，创建了地方国营五味和食品厂。1966年"文革"开始后，又改名为"杭州利民食品厂"。

1978年，商业部和省市有关部门联合投资300余万元，在杭州望江门外（秋涛支路）江干食品厂原址加征土地6600平方米，实施利民食品厂迁址扩建工程，于1983年竣工投产，成为一家大型的食品厂，原址仍保留"五味和食品商店"的名称。2001年4月，企业改制，经杭州市政府批准组建为杭州市食品酿造有限公司杭州利民食品厂，五味和则一直沿用作为企业品牌名称。

公司组建以来，不断开拓创新，继承和发扬传统食品文化，把历代传人精湛的工艺与现代先进技术有机地融为一体，生产和开发了具有五味和特色的各种茶

■左 五味和广月
■右 天竹篮. 八月礼

食名点：八宝饭、艾青团子、立夏饼、中秋月饼等食品。产品呈现以下特点：

用料考究 每一款产品都选料讲究，除了选用高等级的专用面粉、食用油外，所有用来制作馅心的原料都由著名产地直接供应，保证了产品纯正的品质和与众不同的口味。

技艺精湛 企业拥有一批经百年代代相传的技师，同时又注重吸取现代精华，使产品制作工艺得到进一步升华。如麻酥糖、椒桃片就是采用地道的传统工艺制作方式，完全靠手工传统技艺经过捻、卷、整、切、包等工序精制而成。

品种丰富 百余年来，五味和发扬"五味之变"的文化内涵，形成规模经营，使五味和产品拥有多味经典之作，甜、酸、苦、辣、咸皆有之，主要产品有：苏式月饼、各式麻酥糖、发财酥、立夏饼、千层酥、玫瑰年糕、绿豆糕、西湖藕粉、艾青团子。

特色产品 五味和出产的苏式月饼，色泽黄亮，香味浓郁，油而不腻，采用传统的夹酥方法制成酥皮后，再加工成型，制品有层次，入口松酥，经过这种制皮工艺做成的月饼，如同宋朝苏东坡所云："小饼如嚼月，中有酥和饴。"

桂花麻酥糖，又称"杭酥"，选用纯正黑芝麻，辅以杭州西湖特产桂花，经过几十道传统工艺精工制作，色泽浅黑、麻香浓郁、细腻甜润，酥屑层隔清晰，内芯洁白如玉。

椒桃片，系早茶佐食佳品，老少宜食，选用江苏丹阳糯米和大胡桃肉为原料，经擦粉、炖糕、复蒸、吸湿、切片等工序制作而成。产品色泽呈虎斑色，香味浓郁，口味松脆，甜中带咸。

绿豆糕，是杭城颇具影响的特色糕点，呈四方形，糕身呈浅绿色，细纱隐而不露，柔软香甜。

为将传统产品发扬光大，符合质量安全要求，公司建立了完善的质量保证体系，2003年通过了ISO9001：2000质量管理体系认证，在此基础上不断持续改进，每年投入大量技改资金，按照食品加工企业良好作业规范（GMP）的要求对生产加工场所进行更新改造，严格实行封闭式生产。

企业文化的长期积淀和产品品质的不断提升，使五味和产品的生产规模不断上升。如今，五味和正在随着时代的发展，精心策划五味和品牌的建设；同时，为满足消费者的需求，每年推出新产品十余只，成为大众认可的老字号。

■2006年12月，在北京饭店由商务部再次重新认定杭州市食品酿造有限公司为首批"中华老字号"，证书编号：11032。

○始创于清·光绪三十三年(1907)○

独树一帜景阳观

在杭州高银街与中山中路交汇的西南角，有一座西洋式的、灰色的两层楼楼房。走进底层，你会发现这是一家销售各种酱菜与调味品的店家，但店内装饰与众不同，金色的巨柱、彩绘的天花板，极富民族文化色彩。环视四周，店堂内盛装酱菜的瓶瓶罐罐，大大小小、高高低低，错落有致地排列在货架上，五颜六色，琳琅满目。有来自北京的、扬州的、广州的、桂林的……全国各地的名特酱菜，甜、酸、咸、辣，尽集一堂。无论是杭州市民或游览清河坊历史街区的四方游客，都爱到此一游，购买他们喜爱的各种酱菜和调味品。它就是杭州的老字号、全国四大著名酱菜专业商店之一的景阳观。

说起景阳观的店史，可以追溯到清朝末年。当时有一个头后梳着乌黑大辫子的浙江诸暨壮汉，只身坐船来到杭州，于光绪三十三年（1907）在热闹的荐桥街（今清泰街）佑圣观路口，投资1000元银元，开了一家独具特色风味的、前店后坊的酱菜店，他就是景阳观的创办人寿达清。寿达清自小在诸暨湄池镇上一家酿造厂当学徒。三年满师后，学得了一手腌制酱菜、豆制品的好手艺。旧社会有规矩，满师后仍要给厂里做三年，叫做"谢师"。20岁那年，一身绝艺的寿达清又受聘留在这家酿造厂里当腌制作坊的"老大"（做师傅，即当技师）。到了26岁那年，他想自己创业，便凭借身边一点积蓄，辞职闯荡江湖，只身渡江（浦阳江和钱塘江）来到杭州开店。为了取个吉利又叫得响的店名，寿老板可谓煞费心机，在全国同行业中寻找合他心意的店名。后来发现上海有一家酱菜店叫"紫阳观"，暗含"紫气东来"、蒸蒸日上之意，颇得寿老板的赏识。为了使自已的店日后兴旺发达，有个好光景，他便以"景"字代替"紫"字，将店名取为"景阳观"。

创业之初，由于当时社会经济基础薄弱，市民们消费水平较低，价廉物美、口味独特的酱菜，便成为市民们喜爱的、常备的家常菜。为了开展业务，寿老板聘请了三位绍兴技师，精制各种酱菜：双插瓜、甜乳黄瓜、八宝什锦菜、糟油萝卜、蜜枣萝卜、玫瑰大头菜、糖醋蒜头、笋干菜等10多个品种。后来又开辟新径，经营起宁波的醉蟹、泥螺、虾子和杭州的酱鸭、酱猪头、桂花梅酱、酱油、各种露酒等应季酱制品、调味品、礼酒以及各种风味酱菜。据当时的经营商品目录仿单记载，销售商品计达150余种之多，品目之广、品位之全，在杭州首屈一指。

景阳观从开店以来，就确定了"以质取胜"的经营方针，除了自产的商品以外，由于前店后坊的限制，还有相当一部分商品是依靠采购半成品，经过精细加工后出售。如火腿腐乳，厂里从腌腊商店买来金华火腿后，切片煮熟嵌入

■市民正在选购景阳观酱菜

腐乳内，并取腐乳汁和火腿汁混合后装入瓶中，成为火腿腐乳。其他如鸡肉腐乳、玫瑰腐乳、桂花腐乳、开洋腐乳等，都是这样制作的。由于味道鲜美、特色鲜明，产品都很畅销。又如豆豉，用老百姓的话说："颗打颗，没说的。"当时杭州各家酱菜店都经营豆豉，而且都是从酿造厂进的货，但景阳观的豆豉却用筛子进行筛选后，去掉碎末，剩下整颗整颗的再上柜供应，虽然价格比别家贵一些，但生意还是很好，许多顾客都从老远的地方赶来购买。

景阳观腌制的酱菜中，有一种产品叫"双插瓜"，相传曾被列为"贡品"，上到慈禧太后、光绪皇帝，下到诸宫后妃、亲王，都将它定为每天早餐必备的佐品。"双插瓜"之所以"走红"京城，据说与杭州籍的宰相王文韶有关。杭州人有个生活习惯，就是早上往往喜欢吃"泡饭"，王文韶也不例外。他经常从杭州捎一些酱菜腐乳拿到北京，其中就包括景阳观的双插瓜。王文韶为人圆滑，又好结交皇室权贵及同僚，在馈赠的礼品中常有杭州的土特产，景阳观的双插瓜也就有幸进入清宫，并被垂青而列为"贡品"。

1937年，抗日战争爆发后，由于连年战乱，人心不稳，一些有钱人家和大店纷纷外迁，杭州市场日渐冷落，景阳观亦未能幸免。是年12月下旬，日寇进入杭州，烧杀抢掠，景阳观店铺虽未烧毁，可商品被抢劫一空，生意一蹶不振。老板几经转换，但仍难挽回败局。直到建国前夕，有六个酱菜店小老板觉得"景阳观"品牌硬，声誉好，便合伙买下"景阳观"。他们仍沿袭景阳观"质量取胜、品种盖众"的生产经营之道，景阳观又东山再起，重现了昔日的辉煌。

景阳观——这个充满朝气的、响亮的名字，已经在古老的杭城存在了整整一个世纪，其中经历过多少的风雨？仅从店名来说，"文革"期间曾改名为"东方红酱菜店"，之后又更名为"杭州酱菜店"，到1993年又改称为"杭州景阳观调料酱品有限公司"。恢复景阳观名号的杭州调料酱品有限公司继承和发扬了老景阳观"质量取胜、品种盖众"的经营理念，继续向省内外的顾客提供质量上乘的酱品调料，并对采购来的半成品进行精细加工，保持了自己固有的特色，因此，生意渐渐红火起来。

进入20世纪90年代，随着国家经济的发展、市场经济体制的确立，景阳观也像其他老字号一样，企业经营活动中存在着的一些弊端也逐渐显露出来，并最终对老字号自身的生存构成威胁。这种情况一直持续到2002年左右，企业本身已经举步维艰。为了保存"景阳观"这个百年老字号的品牌，经杭州市上城区政府牵线搭桥，由另一家知名老字号"万隆"入主企业，使景阳观重现了生机。

"万隆"入主后的景阳观，从一开始就确立了继承和发扬老景阳观的优良

■景阳观新厂区及生产流程

传统，并且为了从根本上改变企业经营模式，改善企业生产的条件和内部环境，进一步提升企业的现代化水平，"万隆"制定了详细的目标和规划，决心把景阳观建设成为具有一流水平的食品加工企业。2002年夏季，景阳观从官巷口迁至中山中路营业。这时候，清河坊历史街区的建成开放，给景阳观的发展再一次提供了前景光明的机遇，公司毫不犹豫地投资500万元在清河坊买了一个门面并装饰一新，把景阳观的招牌重新挂了起来。现在，每天光临景阳观的顾客摩肩接踵，日营业额达到万元之数，景阳观又恢复到以前鼎盛时期的胜景。而支撑这一切的，就是公司拥有自己的加工生产基地。当初建厂开始，公司领导就注意了产品质量控制与创新产品，使得优质美味的酱菜源源不断地上柜，为市民及四海游客们尽心服务。

今日之景阳观，不仅对外供应自己生产的丰富多彩的酱菜，而且还经销各地的优质产品，正是"进此一家店，可揽八方味"。

百年老字号景阳观，正朝着更灿烂辉煌的远景前进！

杭州老字号系列丛书 美食篇

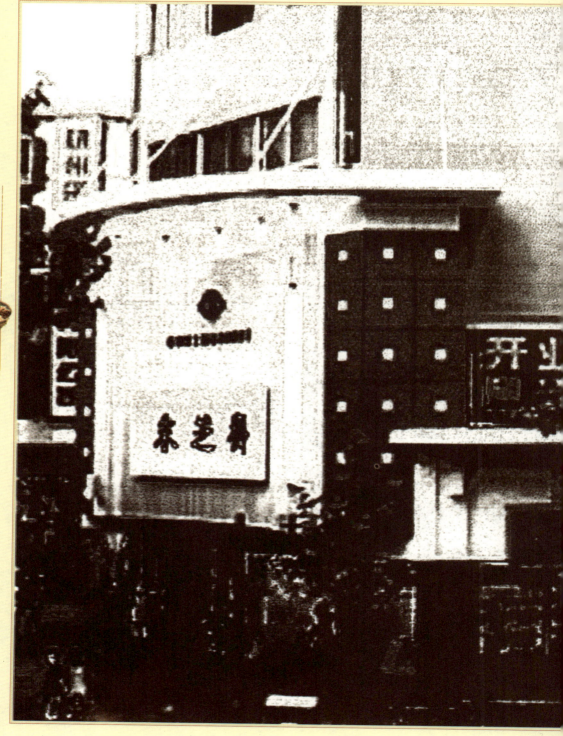

○始创于民国十七年(1928)○

采芝斋食品商店

在美丽的西子湖畔、繁华的延安路中段西侧，有一家杭城著名的食品商店，琳琅满目的3500余种南北糕点、蜜饯、糖果，吸引着众多的市民及四海游客，它就是兼备苏杭风味的老字号、杭城最大的专营副食品企业——采芝斋食品商店。

采芝斋食品商店始创于1928年7月13日，创始人金智轩，苏州人士。金智轩原在长兄金仁甫开设的杭州恒来绸庄任经理，后又自营新新绸缎商店。他喜交往金融界人士，较有事业心，擅长经营管理。因爱吃零食，常出入杭城茶糖商店。一次在"稻香村"买糕点时，勾引起了他自己开设食品商店的念头。

"稻香村"店主是无锡人唐达庄，从业人员大都是无锡帮人。这天接待他的袁福达是苏州人，同乡相逢便攀谈起来。得知袁是苏州娄门张香桥人，与金的表亲是近邻好友，便更觉亲密。又经几次接触，渐渐问起，假如开设一家"稻香村"这样的商店，需要多少资金，聘任人员有无办法解决，等等，经袁一一解答，金甚为满意，并试探袁，如有机会，聘其担任经理一同筹划如何？袁满口答应。再与亲友们磋商，得到了赞同与支持，其意遂决，便着手筹备。

金智轩首先考虑到的是资金问题，经亲友商酌，认为稍具规模至少需五六千元。于是决定资金定额为6000元，分为60股，每股100元，除发起人保留一定的股额外，其余在亲友中征集，集资工作不到几天即顺利完成。店名就取采芝斋。其次为店址的选择，有人主张开设在热闹的清河坊，认为该地区系杭州商业最繁盛、最集中的地段。有的则认为该地区已趋向老化，不适宜开设食品商店，意见不一。就在这时，得知翌年杭州将举办盛大的西湖博览会，地址在里西湖一带，届时国内外人士自必云集西子湖畔，延龄路（今延安路）亦定然热闹非常，遂决定不惜每月120元的高昂租金，在这最中心的地段租下双间门面店屋。因店址太小，只能作为营业场所，不能设立工场，又另觅工场场所，物色到离店址不远的吴山路沿街有一间木质旧屋，屋后有1亩多的空旷场地，适合做工场之用，即以每月90元的租金租赁下来，花1000多元在空地上建造木质简易平房18间，作为生产工场及职工宿舍。

接着安排人事、装饰店面分头进行。此时，袁福达已到店担任经理，并许给干股3股。袁又介绍苏州人钟荣卿为二副，担任营业部主任。会计由另一股东高开诚担任，智轩侄子亦安排在营业部共襄店务。另再充实营业人员。工场方面聘请由袁推荐的钟荣梁为副理，负责工场生产事务。钟荣梁也是苏州人，原是稻香村生产工人，同样许给干股3股，其家属也安排为辅助工，全家迁入工场宿舍。钟自主持工场后，将生产分为4个部门，即面板（制作茶食糕点、蛋糕）、小糖（制作苏式糖果）、蜜饯（兼制部分卤味）、炒货，并且招雇采购、包装、运输、伙房、勤杂人员等共计60人。每人每月平均工资约为40元，并供给膳宿。

内外安排妥当，即布置生产，准备货源，择吉日开张。同时确定经营方针，为专供门市零售，不搞批发。商品讲究质量，品种多样，价格合理，服务优良，以顾客满意为宗旨。开张后，门庭若市，业务蒸蒸日上，居然成为杭市同业中的后起之秀。商店还发放货折，做赊销生意，送货上门，便利顾客，以博顾客的欢迎。凡购买数量较大的客户、地方闻人、庵堂寺庙、左邻右舍，均通过关系送去货折，共计达200多户。顾客购货，可以凭折记账，不需付现

■采芝斋长兴店旧影

■20世纪80年代采芝斋旧影

金，到"三节"时（端午、中秋、春节）上门收取。于是顾客称便，营业额不断上升。　是时，正值北伐战争之后，因连年军阀混战，工商业处于奄奄一息状态，所幸当时省长张静江是位熟知经济的人士，为了扭转省里财政拮据，准备在杭州举办一个大型博览会。采芝斋正是在这样的时代背景下创业的。

当时采芝斋所经营的几种名特产品，如苏式小糖品种有：脆松糖、重松糖、松子软糖、酸梅糖、麦精糖、果仁酥等；茶食糕点品种有：肉松眉毛饺、松仁糕、酒酿饼、各种酥糖、花色蛋糕等；中秋季节有清沙松仁月饼、榨菜鲜肉月饼，这几种都在门前现做现卖；蜜饯品种有：翡翠青梅、白糖杨梅等；炒货品种有：椒盐榧肉、椒盐大核桃肉、玫瑰瓜子、甘草瓜子（采用胶州西瓜子加工），秋季有现炒现卖的良乡熟栗、枫桥珠栗；卤味品种有：生熟鸭肫、醉蚶、醉蟹、糟鱼、糟蛋及来自苏州的菌油、黄篮装酱肉、酱鸭、野味等，最著名的是每日下午供应的熏鱼，尤脍炙人口，近悦远来。

1935年，经理袁福达因积劳成疾去世，年仅34岁，由店方料理后事，并抚恤其家属。经理一职由金智轩兼任（过去金虽全面掌管店务，但无职务名义）。

1937年日寇侵华，杭州濒危，厂店纷纷闭歇内迁。金智轩也携家眷避往内地，采芝斋闭门停业，仅留钟荣梁、余味正等几人留守看管。店中货物虽然转移储藏，但日寇侵杭时，仍遭抢劫，又被汉奸流氓乘机偷盗，损失惨重。不久，采芝斋将残存货物加工整理，复业应市，惨淡经营，以维持职工日常生活。先前离店的部分员工，也回店复职。金智轩因交通隔绝，直到抗战胜利后才绕道返杭。到店后受到留守看管的钟、余责难，谴责其临危逃避，有亏职责。彼此之间，发生龃龉。其时资金已极匮乏，经营相当困难。1947年间，钟荣梁提出辞职，携取部分货物离店，于清泰街自营天伦饼干店，接着余味正也退出。金智轩会同张旭人等重新改组，集资整顿经营，因当时局势动荡不定，物价飞涨，困难更甚。1949年建国后，仍然无法摆脱困境，负债累累，捉襟见肘，又被债务所逼、欠薪所催，估计资产与负债，仅能相抵。为偿还债务，决定将采芝斋生财、店基、房屋、货物全部于1950年1月30日出让给五味和茶食号老板汪德孚受盘，计全部价款为19500元。交割后，一面由汪接收，一面金将该款除偿清宿欠尚余的3500余元，不留分文，全部充作职工遣散费，每人各得300余元。另有不在出让内的零星用品亦分给各职工用，并推荐给后东照顾录用。

汪德孚原以五味和茶食号为主，自接盘采芝斋后，委派其侄汪天元为经理，重振旗鼓，继续经营，采芝斋的业务呈回升趋势。但此后20年，多次更换经理，业务又停滞不前，直到党的十一届三中全会之后，商店招牌从"东方红"、"益民"改为原名，"顾客第一"的经营之道又得到了继承和发展。1987年，在企业资金不十分宽裕的情况下，采芝斋毅然投入200多万元对店面重新翻造，营业面积扩展到1800平方米，从底层到四楼均面向顾客。在进入市场经济竞争机制后，采芝斋始终遵循"坚持特色、诚信服务"的店训，发挥品牌和中华老字号特色。

1996年，企业改制，成立采芝斋食品有限公司，为扩大经营、方便顾客购物，公司向银行贷款在全市主要城区购置营业网点，总面积约有1400平方米。不久，又投资成立采芝斋食品制造有限公司，既保留了一块前店后场的传统生产方式的地方，又向正规化、现代化的食品加工企业迈进了一步。改制后的采芝斋，发挥品牌效益、扩大工厂化销售，成为这家百年老店发展创新的亮点。采芝斋的糖果、糕点、藕粉等，现已进入上海沃尔玛、家乐福等跨国大型超市，其中采芝斋藕粉质量已达到杭州藕粉制造业的最高水平，获得国家出口商品许可，远销欧美国家。近几年来，采芝斋的营业销售额逐年增长，2006年企业销售额达2000多万元，创利100多万元，成为杭州食品零售商店中的佼佼者。下一步，采芝斋将在杭州各城区逐步开设以销售自身产品为主的专卖店。为扩大营业量，提升产品开发质量，采芝斋又在富阳投资建造新厂房，面积将达到3000多平方米。此外，为保护老字号企业，有关部门还将对采芝斋进行立面改造和装修。

现代采芝斋的主要产品，既保留了传统的前店后场及现做现卖的经营特色，产品主要有：太史饼、荷叶酥、袜底酥、寿桃、粽子糖、丁果糖、山核桃糖等等；又有先进的生产设备生产的花色品种，如：脆片、桃酥、酥糖、牛皮糖、藕粉等系列产品。其中中秋节供应的榨菜鲜肉月饼，是采芝斋创办以来一直保留至今的拳头产品，公司坚持精选原料，现做现卖，颇受市民欢迎，常常供不应求。

现采芝斋共有员工70多名，管理人员大多具有大专水平。在日常工作中，他们本着"服务即市场、服务出效益、服务也是品牌"的新理念，兢兢业业全身心地融入到企业中去，真诚地为广大消费者服务。尤其是总经理陈蔚民

■采芝斋员工参加企业组织的业务知识学习

1979年进入采芝斋后，从一名普通营业员做到老总，为采芝斋的求变创新作出了较大的贡献。1985年，他被浙江省人民政府评为浙江省劳动模范。

采芝斋从1983年开始，先后被命名为"全国商业先进企业"，荣获全国五一劳动奖状，1991年又获得浙江省人民政府颁发的"浙江省先进企业"荣誉称号。近几年，又连续被杭州市人民政府评为"市级文明单位"等和"浙江省消费者信得过单位"。

在荣誉和成绩面前，采芝斋食品有限公司全体员工决心戒骄戒躁，按照上级的要求，继续奋进，在将总店做强做大的同时，将利用品牌优势，向专业店延伸，设想在五年内能开设15家以上有经济效益及自身品牌的专卖店。此外，在发挥原有产品效应的基础上，将挖掘传统产品5种，开发新的适合市场的休闲食品等15种。

采芝斋正遵循"保持特色，诚信为本"的企业宗旨向更远大的目标、更辉煌的前景迈进！

资料链接·杭州采芝斋

杭州采芝斋屹立在美丽的西子湖畔——杭城商业中心延安路上，它以副食品零售、批发为主业，兼营餐饮、住宿。延安路总店设有多个专业柜组。公司为适应市场经济的发展，采用国际流行的连锁经营方式，先后开出了大关连锁店、濮家连锁店、河坊街连锁店等，营业面积达2000余平方米，是杭城大中型副食品综合商店之一。为向广大消费者提供新鲜、可口、营养的绿色食品，仍保持前店后场、现制现卖的经营特色。生产的采芝斋牌西湖藕粉、麻酥糖、麻糕是杭州西博会的选用产品。

■浙江塔牌绍兴酒厂，系浙江省粮油食品进出口股份有限公司设在绍兴鉴湖源头的绍兴酒酿造基地。由于浙江省粮油食品进出口股份有限公司是杭州老字号企业协会副会长单位，因此编者将《千古流芳塔牌酒》一文也收入本书。

■塔牌酒厂面临会稽山，后连鉴湖水，给塔牌黄酒的酿制提供了天然的环境优势，出好酒的地方必定风水好，这就是天地合一的境界。

杭州老字号系列丛书

美食篇

○创建于1953年○

千古流芳塔牌酒

"吾乡绍酒……几遍天下矣。缘天下之酒，有灰者甚多，饮之令人发渴，而绍酒独无。天下之酒，甜者居多，饮之令人停中满闷。而绍酒之性，芳香醇烈，走而不守，故嗜之者以为上品，非私评也。"

——清代饮食名著《调鼎集》

对酒当歌 人生难得几回醉

当时，在浙江一带绍兴黄酒很受欢迎，各路文人、名士、画家、书法家，对酒当歌，吟诗作画，给后人留下了不少传说佳话。王羲之与名士谢安、孙绰等在会稽山阴兰亭举行"曲水流觞"的盛会，饮酒对诗，乘着酒兴挥毫写下了千古珍品《兰亭集序》，更是最经典的一段。

欲说塔牌 先谈绍酒

　　黄酒为世界三大古酒之一，源于中国，且唯中国有之，可称独树一帜。黄酒产地较广，品种很多，著名的有绍兴加饭酒、福建老酒、江西九江封缸酒、江苏丹阳封缸酒、广东珍珠红酒、山东即墨老酒、兰陵美酒、大连黄酒，等等。但是被中国酿酒界公认的，在国际国内市场最受欢迎的，能够代表中国黄酒独具特色的，首推绍兴酒，被誉为"东方名酒之冠"的，那就是塔牌黄酒。

绍兴酒有悠久的历史，有正式文字记载的是在越王勾践之时。公元前492年，越王勾践为吴国所败，带着妻子到吴国去当奴仆，《吴越春秋》记，当群臣们送勾践到浙江边上时临水阻道，大夫文仲在送别中云："臣请荐脯，行酒二觞。"当勾践仰天太息，举杯垂涕，默无所言时，文仲再次敬酒："觞酒暨升，请称万岁。"这似乎是第一次在古籍中正式提到绍兴酒。

　　在吴三年，勾践受尽屈辱，回到越国后，决心奋发图强，报仇雪耻。为了增加兵力和劳动力，勾践曾经采取奖励生育的措施。据《国语·越语》载："生丈夫(男孩)，二壶酒，一犬；生女子，二壶酒，一豚。"把酒作为生育子女的奖品。成书于秦始皇八年（前239）的《吕氏春秋·顺民篇》记载，越王勾践出师伐吴时，父老向他献酒，他把酒倒在河的上流，与将士们一起迎流共饮，于是士卒感奋，战气百倍，历史上称为"箪醪劳师"。宋代嘉泰年间修撰的《会稽志》说，这条河就是现在绍兴市南的投醪河。醪是一种带糟的浊酒，也就是当时普遍饮用的米酒。

　　这种酒与今天的绍兴酒不同，但它无疑是今天绍兴酒的滥觞。以上关于勾践的这些记载说明，早在2400多年前的春秋越国时代，酒在绍兴已经十分流行。东汉时期，永和五年(140)，会稽太守马臻发动民众围堤筑成鉴湖，把会稽山的山泉汇集于湖内，为绍兴地方的酿酒业提供了优质、丰沛的水源，对于提高当地酒的质量，成为以后驰名中外的绍兴酒起了重要作用。

　　魏晋之际，司马氏和曹氏的夺权斗争十分激烈、残酷，氏族中很多人为了回避矛盾尖锐的现实，往往纵酒佯狂。会稽是当时大郡，名士云集，风气所及，酿酒、饮酒之风大盛。这期间，在绍兴留传了不少千载传颂的佳话。穆帝永和九年(353)三月初三，王羲之与名士谢安、孙绰等在会稽山阴兰亭举行"曲水流觞"的盛会，饮酒对诗，乘着酒兴写下了千古珍品《兰亭集序》，是绍兴酒史中熠熠生辉的一页。

在唐宋时期，绍兴城内酒肆林立。当时，有钱人家、文人、名士、衙门官员及其他各社会阶层的人晚上和其他空闲时光都到酒店里喝酒听乐，对酒当歌，吟诗作画，一片兴旺，在当时也是绍兴城内的一大风景。正如陆游说的，"城中酒垆千百家"，"倾家酿酒三千石"，酒业达到了空前的繁荣。

到南北朝时，绍兴地方所产的酒，已由越王勾践时的浊醪演变成为"山阴甜酒"。南朝梁元帝萧绎在所著《金缕子》一书中说，他少年读书时有"银瓯一枚，贮山阴甜酒，时复进之"。清人梁章钜在《浪迹三谈》中认为后来的绍兴酒就是从这种"山阴甜酒"开始的，并说："彼时即名为甜酒，其醇美可知。"以今天的绍兴酒本身来说，确实是质愈厚则味愈甜，如加饭甜于元红，善酿又甜于加饭。而且这种甜酒冠以"山阴"二字，以产地命名，自必不同于一般地方所产。由此不难推想，绍兴酒的特色在南朝时已经形成。

唐宋时期绍兴酒进入到全面发展的阶段。不少著名诗人将绍兴的山水、绍兴的酒作为他们文学创作的重要内容，留下许多脍炙人口的诗篇。当时官府把酒税作为重要的财政收入，竭力鼓励酿酒，原来已有深厚基础的绍兴酿酒事业自然更为发展了。

由于大量酿酒，原料糯米价格上涨，据《宋会要辑稿》所载，南宋初绍兴的糯米价格比粳米高出一倍，也带动了当地农民种粮的积极性。糯米贵了，农民种糯米的自然多了。南宋理宗宝庆年间(1225—1227)所修的《会稽续志》引孙因《越问》说，当时绍兴农田种糯米的竟占3/5，到了连吃饭的粮食都置于不顾的地步。由此可见当时绍兴酿酒业之兴盛。伴随着绍兴酿酒业和酒店业的兴旺，绍兴酒有了各种名品，如瑞露酒、蓬莱春等名酒。清人梁章钜《浪迹三谈》引《名酒记》说："越州蓬莱春，盖即今之绍兴酒，今人鲜有能举其名者矣。"

清代菜谱大观《调鼎》记载："绍兴酒：山阴名东浦者，水力厚，煎酒用镶，不取酒曲，再多饮不上头，不中满，不害酒，是绍兴酒之良德也。……忌过热，亦忌冷饮；忌速饮，亦忌流饮。……暮之时，正务已毕，偶然相值，随意衔杯。灯下，月下，花下，摊书一本，独自饮之，亦一快事。"

第八卷　茶酒部

　　由宋及明，绍兴酒业进一步发展，有了新的花色品种。有用绿豆为曲酿制的豆酒，还有地黄酒、鲫鱼酒等。万历《绍兴府志》："府城酿者甚多，而豆酒特佳。京师盛行，近省地每多用之。"明末清初之际，是我国资本主义的萌芽阶段，新的社会生产力使绍兴的酿酒业登上了新的高峰，它的标志就是大酿坊的陆续出现。当时有名的大酒坊，大多资金雄厚，有宽大的作场，集中的技术力量，无论从生产规模、生产能力以及经营方法等方面，都是过去一家一户的家酿和零星小作坊所望尘莫及的。在清朝初期，绍兴酒的行销区域已遍及全国各地。康熙《会稽县志》有"越酒行天下"之说。清初扬州盐商童岳荐编撰的《调鼎集》云："吾乡绍酒，此时不特不胫而走，几遍天下矣。"

梁章矩在《浪迹续谈》中说："今绍兴酒通行海内，可谓酒之正宗……至酒之通行，则实无他酒足以相抗。"可说是推崇备至。同时，这时候绍兴酒的风格已基本定型，酒的品名也基本固定下来，有状元红、加饭、花雕、善酿等，酿酒工艺、包装容器也日趋统一，销量继续扩大，并远销东南亚各国。

新中国成立后，党和政府十分重视酿酒工业，20世纪50年代初，周恩来总理就批准了《绍兴酒工艺总结与提高》项目，列入国家十二年科学规划，将古老的传统工艺与现代科学相结合，并拨巨款，发展绍兴酿酒业，在绍兴建造大型黄酒酿造基地，建立中央仓库，培训专业人才，极大地提高了绍兴酒的质量和产量，不但满足了国内需求，而且成为重要的出口产品。塔牌绍兴酒自50年代出口以来，畅销全球30多个国家和地区，深为外国客商好评，为国家创造了大量的外汇。

改革开放以来，浙江塔牌绍兴酒厂等生产厂家，不断加大技改力度，引进先进的技术装备和质量检测仪器，成立研究所，研究黄酒发酵机理，使黄酒酿造技术更趋科学化、规范化，加强员工培训，进一步促进和提高了绍兴酒的产品质量，绍兴酒在国际市场上的声誉越来越高，销量进一步扩大。1995年江泽民同志来绍兴考察时曾说："中国黄酒，天下一绝。"绍兴酒在国际国内的市场前景将非常广阔。

在日本和东南亚一带，不少饮酒人士都十分青睐塔牌绍兴酒，许多日本人来华时还慕名特地前往绍兴品尝独具风味、被海内外誉为"东方名酒之冠"的塔牌绍兴酒。

塔牌——东方名酒之冠

塔牌黄酒，自20世纪50年代进入国际市场以来，以其浓郁的酒香、醇厚的口味而享誉30多个国家和地区，尤其在日本，占了同类市场60％的份额。据相关数据显示，目前中国绍兴酒的年出口量已达到1.5万吨以上，占全国黄酒出口总量的90％，每年为国家创造2000多万美元的外汇，其中塔牌绍兴酒厂的出口量和出口创汇均占一半以上，为国家作出了重大贡献。

那么，塔牌绍兴酒为何会如此受日本人青睐呢？

时间追溯到抗日战争时期，1941年，日军占领绍兴后，大肆掠夺当地物质，当时有一位日本军官对中国的历史颇有研究，也可以说是个中国通。他久闻绍兴黄酒之名，本人也很喜饮绍兴黄酒。为此特地派了一支小分队在当地搜寻绍兴黄酒。当时为了抵制日寇，绍兴地区早已全部停止了黄酒的酿制，黄酒生产处于完全瘫痪状态，市场一片萧条。但是，那些被珍藏贮存多年的好酒，还是被日寇掠夺和搜刮了不少，运回日本，供日本高级场所饮用。抗战结束后，回国的日本士兵念念不忘绍兴酒的醇厚滋味，很想把绍兴酒带到日本去，在那里也能喝到这种佳酿。

新中国成立以后，为扩大对日绍兴黄酒出口，我国对外贸易人员，虽经不懈努力，但由于种种原因，其出口规模、金额一直处于较低的水平。

1972年，机会终于来了。中日邦交正常化后，日方组织了一批经济、文化界人士到绍兴考察、交流，其中有一家新生贸易公司的负责人石附先生对绍兴黄酒慕名已久，十分喜欢喝绍兴酒，这和石附先生的整个家族都喜欢饮用绍兴黄酒的经历分不开，于是他下定决心来到中国，想将赫赫有名的绍兴黄酒推销到日本。浙江省粮油进出口公司的范本贤经理和焦瑞英女士，就是这段历史的当事人和见证人。当时，就是他们代表公司热情接待了石附先生，并与他商谈

■1941年日本占领了绍兴，绍兴一片萧条，绍兴人民饱受战争的痛苦，度日如年，所有酒肆和黄酒酿制作坊全部歇业，以示抗议日本侵略中国，直到三至五年后，才渐渐地开始恢复。（上图）

■日军占领绍兴后，大肆掠夺当地物品，当时有一位日本军官久闻绍兴黄酒之名，因此，特地派了一支小分队在当地搜寻绍兴黄酒。他们一路烧杀掠抢，将留存在民间的黄酒掠夺了不少，然后再把搜刮来的黄酒，运送回日本，供国内的高级场所用。（左中）

■这是日军在占领绍兴时期，在野外喝黄酒。当时，日军在浙江时，很喜欢喝绍兴的黄酒，到处搜刮掠夺。（左下）

麦曲

当地俗称草包曲，切成宽25厘米，厚5厘米的正方形块状，堆叠保温，自然发酵，称块曲。麦曲在绍兴酒酿制中占有极重要的地位，每缸酒的用曲量达到原料米的1/6。它的作用俗作糖化剂，并对产生特殊风味有着密切的关系。生产麦曲一般在九、十月份间，此时已值桂花盛开的时节，气候温湿，故有"桂花曲"的美称。麦曲中的微生物最多的是米曲霉、根霉及毛霉，此外，尚有数量不多的黑曲霉及青霉等。这是塔牌绍兴酒独特制作的绝活，它里面的营养成分丰富，是酿酒必不可少的原料之一。

■这是20世纪70年代至80年代初，公司和日本著名的酒业公司——宝酒造株式会社谈判合作的照片，全程参加谈判合作事宜的是公司代表范本贤经理（现已退休）和焦瑞英女士。塔牌黄酒今天已经在日本的中国黄酒市场占有近60％的份额，这也是一个传奇的老字号塔牌黄酒——走出国门，进入国际市场的范例。

了与新生贸易公司合作的各项事宜。后又经过石附先生的介绍，公司与日本著名的酒业公司——宝酒造株式会社经过一系列的商议与谈判，终于达成合作，将塔牌绍兴黄酒全面推广到了日本。从此，塔牌绍兴酒源源不断地出口到日本，受到了日本国民的深深喜爱。

其实，日本清酒与中国绍兴黄酒渊源甚深。早在唐朝，就有日本使团前来中国学习先进文化和技术，将绍兴黄酒的酿造工艺和制酒设备带回了日本，在黄酒的酿造工艺基础上，经过几百年发展演变后，成为现在的日本清酒。而绍兴黄酒则在自己传统工艺的基础上不断发展改进，风格定型于明末清初。如今这两种酒虽然口味稍有不同，但究其根本，却是同宗同源的。

鉴湖源头水 塔牌绍兴酒

俗话说："水为酒之血。"没有好水是酿不出好酒的，因此佳酿出处必有名泉。塔牌绍兴酒之所以晶莹澄澈，馥郁芳香，成为酒中珍品，除了用料讲究和有一套由悠久酿酒历史所积累起来的传统工艺外，重要的还是因为它是用得天独厚的鉴湖水酿制的。

鉴湖是东汉时期修筑起来的一个人工湖。上古时期，今天的绍兴是一片泽地，南有会稽山洪水的漫流，北受杭州湾海潮的冲刷。据《越绝书》载：越王勾践时，还是"西侧通江，东侧薄海，水属苍天，不知所止"的状况。勾践为吴国所败，实行生聚教训，才开始零星地围堤筑塘，进行耕作。到东汉顺帝永和五年（140），会稽山太守马臻为了保持和发展农业生产，发动民众大规模地围堤筑湖，从而形成鉴湖。当时鉴湖的湖堤全长63.5公里，周围179公里，面积约206平方公里，分布在山阴、会稽两县境内，会稽山北面丘陵上的若耶溪、兰亭溪等36支大小溪流注入湖内，为鉴湖提供了丰富的水源。因为湖面很大，湖

一方好水出好酒——绍兴鉴湖

大凡酿酒用水，必须水体清洁，不受污染，否则酿成的酒也会浑浊无光，称为失光，如有杂质，酒味就会不纯正而带有异味。同时对水的硬度也有一定的要求，水质过硬，不利于发酵；硬度过低，又会使酒味不甘冽而有涩味。用鉴湖水来酿酒，自然酒色清澈，酒香馥郁，酒味甘新，而且对人体还有丰富的营养价值。

形狭长，所以有"大湖"、"长湖"之称，因其水清如镜，又称"照湖"、"镜湖"或"鉴湖"。

鉴湖水究竟有什么特点？为什么能酿出在黄酒中独树一帜的绍兴酒呢？在1981—1983年，绍兴市环境保护科学研究所、绍兴市工科院、浙江省冶金地质勘探公司和浙江大学等九个科研教育单位，曾对鉴湖水作过一次全面、深入的调查研究。他们得出的科学结论，可以回答这个问题。

鉴湖水来自会稽山的大小溪流，通过研究分析水源区的地质结构得知，水体所含对人体有害的重金属元素很少，同时却含有适量的矿物质和有益的微量元素，水的硬度也适中，而且水流经过沙石岩土层经过滤及良好的植被净化，水质清洁甘洌。另外，湖水的自净能力较强，约比一般河流快3倍，为许多淤积的湖泊所不能及。又因为上游集雨面积较大，雨量充沛，山水补给量多，故水体更换频繁，使得鉴湖水能保持常新、常清。更特别的是，湖区还广泛埋藏着上下两层泥煤，这些泥煤能吸附水中的金属离子和有害污染物。据研究结果表明，其吸污能力远胜于一般土壤，这是特殊地质条件所形成的，是其他湖泊水体所没有的。

大凡酿酒用水，必须水体清洁，不受污染，否则酿成的酒也会浑浊无光，称为失光。水中如有杂质，酒味不纯正而带有异味。同时，酿酒用水对水的硬度也有一定的要求，水质过硬，不利于发酵；硬度过低，又会使酒味不甘洌而有涩味。鉴湖水既有上述的一些特点，用它来酿酒，自然酒色清澈，酒香馥郁，酒味甘新，而且对人体还有一定的营养价值。这是绍兴得天独厚的自然环境和地质环境所赐予的，非人工所能合成。

一年之中，鉴湖水的最佳季节在当年10月到翌年2月之间。这时正值农闲，四周农田很少有污水排入湖中，经过秋天的台风雨季，山水大量流入，促使水体恢复到最佳状态，且此冬季水体溶氧值高，变化幅度小，水质稳定，同时冬季水温低，含杂菌少，是酿酒发酵最适合的季节，两相配合，所以绍兴酒注重冬酿。这是千百年来劳动人民实践得来的宝贵经验，也是完全符合科学道理的。

鉴湖的优良水质，形成了绍兴酒的独特品质，因此，可以说没有鉴湖水也就酿不成独特的绍兴酒。清人梁章钜在《浪迹三谈》中曾说过："盖山阴，会稽山之间，水最宜酒，易地则不能围良，故他府皆有绍兴人如法制酿，而水既不同，味即远逊。"

杭州老字号系列丛书 　美食篇

221

杭州老字号系列丛书

美食篇

资料链接·酒坛的作用

■陶土容器是传统贮酒的主要容器。陶坛系用粘土烧结而成，内外涂以釉质，器壁的分子间隙大于空气分子。酒液虽在坛内封藏，但与空气并非完全隔绝，酒液分子间的各种氧化反应仍在继续进行，酒中一些低沸点的挥发性物质也可以通过坛口泥头慢慢排出坛外，因此可以促进酒的陈化老熟。绍兴酒的贮存也一直采用陶土容器，与其他酒所不同的是酒坛的产地强调诸暨生产的。俗话说，"绍兴老酒诸暨坛"，因为诸暨产的酒坛所用粘土、釉料与众不同，该酒坛色泽青色，质地致密，以物击坛，声清音亮。适宜贮存绍兴酒。有人做过对比试验，发现诸暨酒坛与他地酒坛同时装同样的绍兴酒，贮存一段时间以后品尝，他地酒坛的酒总比不过诸暨酒坛内的酒香、味醇、口感鲜美爽口，难怪古人云："酒坛用坚物击之，其音清亮，酒必高"（见《清·调鼎集》）。

资料链接·塔牌绍兴酒的贮存

■塔牌绍兴酒要经过三年以上的贮藏酝酿才能出厂。刚酿出来的绍兴酒各成分的分子排列尚不稳定，口味尚糙辣，香气还不足，要经过一定时间的贮存，酒精分子之间，酒精分子与其他分子，特别是与水分子之间在常温下不断地发生缔合作用，随着贮存时间的进一步延长，游离的酒精分子越来越少，酒体也就越醇越细腻，越顺喉柔和，且香气也越来越浓愈醇，故云："至酒者，无酒味也。"
■贮存期有5年、10年、20年、30年等的封坛贮存时间。照片中就是塔牌贮存基地中的一个仓库，据介绍已经贮存了近20年了。

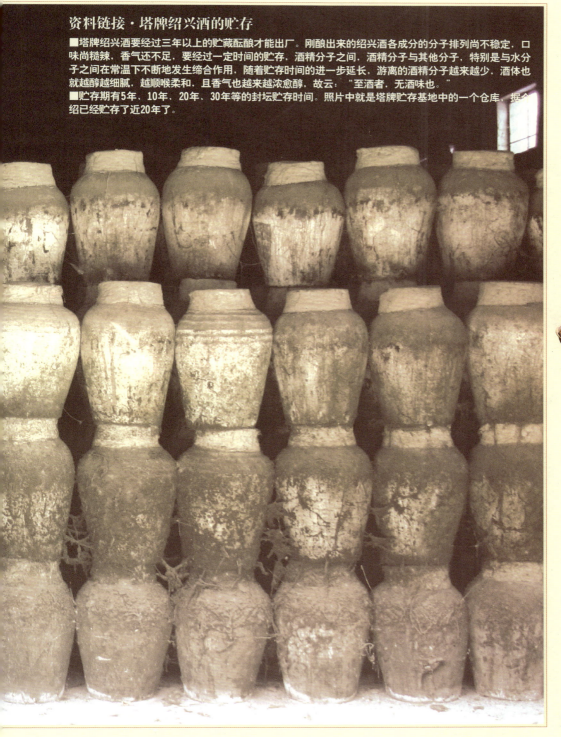

独门绝技　精益求精

浙江塔牌绍兴酒厂位于会稽山旁，地处鉴湖源头，既得稽山灵气，又取鉴水精华，且拥有众多经验丰富的酿酒名家，一心酿造堪称独步的绍兴老酒。长期以来，塔牌酿酒人传承2000多年酿酒精华，拥有深厚的文化底蕴，巧妙利用鉴湖源头特殊的自然地理环境，顺应春夏秋冬的自然交替节律，不断归纳总结和科学创新，集天地人之精华，形成了一整套在中国黄酒，乃至世界酒业生产中独一无二，充分体现天、地、人和谐统一，包含众多复杂、系统的独门绝技的酿造工艺，使得塔牌绍兴酒成为纯天然发酵酒。

今天的塔牌绍兴黄酒系列可以这样说：不愧是黄酒之王。这也诚如诗人袁牧所云："绍兴酒如清官廉吏，不参一毫假而其味方真；又如名士耆英长留人间，阅尽世故而其质愈厚。"

这些独门绝技主要包括：

一、塔牌绍兴酒全部采用延续几百年的传统手工工艺，一年一个生产周期，严格按照节气生产。三伏天制自然培养的白药，农历八月踏制生麦曲，立冬开始投料发酵，立春才能开榨煎酒。投料前须先将大米浸泡18天，进行乳酸发酵，然后蒸饭开耙发酵，发酵后酒醅须装入酒坛，置于露天低温长时间冬酿90天，以吸取日月精华与天地灵气，接受昼温夜冷的温差变化，使得酒中香气成分馥郁，酒体醇厚丰满、甘鲜爽洁，故塔牌绍兴酒酒味层次丰富不单调，厚重不浅薄，香醇味美，舒适宜人。

二、原料全部采用精白糯米和优质新鲜小麦。糯米产酒纯甜、醇厚、味浓；小麦制曲香醇、馥郁、幽雅。

三、菌种全部系纯自然培养的白药。因白药中含有大量的多种酵母菌等微生物，众多的天然微生物共同参与绍兴酒发酵，促进了塔牌绍兴酒中各种风味

资料链接·传统酿造技艺

塔牌黄酒传承了2000多年的酿造精粹，冬季是酿酒师傅们一年中最忙碌的时候，整个酿制过程中他们要对工艺流程严格把关，精耕细作，所酿之酒和谐可口、刚柔相济、软硬适中，不愧是黄酒之王。

物质的形成，故白药酿酒，酒味全面、丰满，酒香浓郁、自然。

四、冬酿用冬水。在冬季绍兴鉴湖水体溶氧值高，水质清洌甘甜，且水温低，水质稳定，变化幅度小，含杂菌也少，是酿酒发酵最适合的季节，塔牌绍兴酒必重冬酿冬水。

五、长期陶坛贮存，平均酒龄至少三年才能出厂。刚酿出来的绍兴酒各成分的分子排列尚不稳定，口味尚糙辣，香气还不足，经过一定时间的贮存，酒精分子之间，酒精分子与其他分子，特别是与水分子之间在常温下不断地发生缔合作用，随着贮存时间的进一步延长，游离的酒精分子越来越少，酒体也就越醇越细腻，越顺喉柔和，且香气也越来越浓越醇，故云："至酒者，无酒味也。"

六、酿酒师傅技高艺精，塔牌绍兴酒厂云集众多酿酒名家，有的出自酿酒世家，每当酿酒季节来临，他们以最虔诚的心，昼夜在工场精心酿造每一缸酒，温度低了，给以保暖；温度高了，即予散热，保证每一缸酒的酒度、酸度、糖度等恰到好处。

由于塔牌黄酒采用独门绝技的传统酿造工艺，精耕细作，故所酿之酒不但色泽橙黄、清亮透明、富有光泽；且酒香浓郁纯正，酒味醇厚、平稳、丰满、结实，口感鲜美、爽口；并在此基础上形成塔牌黄酒独特的风格，即和谐可口、刚柔相济、软硬适中，真是历尽2400余年的悠久历史，而其质愈厚愈醇，饮之实乃是一种享受。

塔牌黄酒与国粹书法

初冬是塔牌绍兴酒开始一年中最忙的时间，一直要忙到开春，在冬日酿酒时的塔牌绍兴酒厂，一入厂区，便闻到空气中浓郁的酒香。塔牌绍兴酒厂副厂长潘兴祥先生，他出生于绍兴酿酒世家，他的高祖、祖父、父亲，都是酿酒人，

鹤寿

杭州老字号系列丛书

美食篇

■酿制黄酒就跟写书法一样，要以老书家的心态去做酒，才能酿出上品的好酒。

227

瑞雪兆丰年

塔牌黄酒，一年中就是在当年入冬到翌年二月之间酿制，一年酿制一次，在这过程中，从取鉴湖水开始要经过35道传统工艺制作，要求之严谨，程序之规范，不得有丝毫的马虎，因为塔牌黄酒酿制工艺复杂，对原料、水、酒药、气候、贮藏时间要求极高。每年到了入冬的季节，也是厂里最繁忙

的时光，厂区里工人繁忙有序地工作着，整个厂区飘着诱人的酒香，就是在厂外很远处也能闻到酒的芳香，崭新的酒坛错落有序地排列在车间的门口，颇为壮观。年初的大雪，又给塔牌酒业带来丰收的好兆头。

潘兴祥

■现任全国黄酒评委、浙江省粮油食品进出口股份有限公司塔牌绍兴酒厂副厂长

■他是一个憨厚的绍兴汉子，参加工作以来就没有离开过酿酒这一行，一干就是几十年。一说起塔牌黄酒，就如数家珍地谈起了它的历史、它的现在和它的未来。

他也继承了祖传的酿酒绝技。他对黄酒有一种难以割舍的情怀，一说起绍兴黄酒，就滔滔不绝地谈起自己的酿酒心得。

"黄酒和书法是一样的！"这是潘兴祥多年酿酒心得的总结。

潘兴祥说，在绍兴，几乎家家户户都会酿黄酒，但是酿得好的却很少，因为黄酒就跟书法一样，要以艺术家的心态去做酒，才能酿出上品的好酒。书法首重着墨，沾墨太多会晕开，太少则不能一笔到底，墨色太淡；酿酒也是同理，比如黄酒中的酸度，太高了酒味散口，太低了酒味就不醇，均会影响口感。一言以蔽之，都要恰到好处。然而，恰到好处是一个太过模糊缥缈的标准，这需要长期的经验积累，非机械化手段能够达成。所以，塔牌绍兴酒厂一直积极培养技术人才，坚持手工操作，保证酿出高品质的黄酒。

同样的，欣赏酒也要像欣赏书法一样去品味它。酿制好的黄酒和写出富有神韵的书法一样，在长期的磨练中，达到信手拈来、出神入化的境界，能给人带来至高的享受，同时也能折射出行书者和酿酒者的品行和功底。俗话说，字如其人，见字如见人，又见其人之品格、风韵；酿酒也是一样，酒品如人品，什么样的人做什么样的酒，只有品行高洁的人，才会以对待艺术品的虔诚态度，酿出好酒。

秉持着"老老实实做人，老老实实做酒"质朴信念的塔牌酿酒人，一直以追求完美的精神，酝酿着黄酒的艺术品。

资料连接·邓小平与绍兴黄酒

■改革巨人邓小平晚年时期特别钟爱绍兴黄酒，因为它不但口味极佳，而且对身体健康也有好处，因此每日必饮一杯。提及此事，塔牌绍兴酒厂的副厂长潘兴祥兴奋地说，当年，就是他亲自上京送绍兴酒给邓小平喝的。

■1989年春天，潘兴祥去北京开会时，听说邓小平喜欢喝酒。潘兴祥是个有心人，就记在了心里。回厂后，他立即和其他厂领导商量，大家一致赞同，把塔牌酒送给邓小平品尝，愿我们的总设计师身体健康。于是，潘兴祥就选出厂里最好的黄酒，亲手灌好，包装好，亲自送到了北京，这一送就一直送到小平逝世。当时的邓小平已是85岁高龄，他喝了以后赞叹不已，在往后的岁月里，邓小平晚上必喝几盅黄酒。

塔牌绍兴酒开酿节

■每年的冬至来到之时，在绍兴地区几乎家家农户都要开坛酿酒。由于千百年来的风俗，他们都要举办一个仪式，然后才开始酿制黄酒。

■塔牌酒厂传承了中华文化，也在冬酿之时——冬至时分这天举办大型开酿仪式，这一天，在湖塘镇热闹非凡，当地的老百姓都要赶到塔牌酒厂设在鉴湖边的祭台，观赏塔牌酒厂一年一度的开酿仪式，品尝塔牌绍兴酒。

■浙江省粮油食品进出口股份有限公司董事长沈光明在开酿节致词（左上）
■商务部、省市领导和著名学者在祭桌前宣布祭神开始（右上）
■88岁的酒博士王阿牛宣读祭文（左中）
■酿酒开耙师傅代表烧香祭拜（右中）
■酿酒师傅表演塔牌传统酿制黄酒的过程（左下）

塔牌绍兴酒开酿节花絮

■塔牌绍兴酒有一个很鲜明的特色，那就是用纯手工酿酒。绍兴黄酒往往在立冬节气开始投料发酵，塔牌绍兴酒厂素有在冬酿前举办开酿仪式、祭祀酒神的传统。

■古朴的祭祀台边，菊花缠绕，一排排陶坛垒成梯子形状，巨大的七石酒缸系着黄绸带。在黄酒开酿仪式上，中国黄酒博士、品酒大师王阿牛师傅宣读祭文，"吾越酒乡，名歆海外……人借酒而风流倜傥，酒因人乃雅韵之流芳……"塔牌人虔诚地祭拜酒神，跳起了酿酒舞，唱起了酿酒歌，表演手工酿酒技艺。

■红红的木榨，古朴的酒坛，热气腾腾的蒸桶……浓浓的酒乡风情，别具一格的酒文化展示，将绍兴黄酒的魅力演示出来，仿佛把人带回远古的岁月。

传承历史　开拓未来

一个有着2000多年文化底蕴的绍兴古酒，今天，在他们后人的传承和不断努力下，更是流光溢彩。塔牌黄酒不但走出国门，而且还在世界市场里演绎着中国的黄酒文化。塔牌黄酒的发展，正好说明了一个问题：一个一流的产品，就是它的文化价值和商品价值获得了最佳的黄金结合，也是商业的最高价值——文化和激情。塔牌黄酒的成功也证实了这一点。

塔牌黄酒在国内市场以每年30％的增长速度迅猛前进，再次勃发青春的魅力，在产品中融入了具有浓郁绍兴人文特色，在醇香里包裹着千百年来的动人传奇，这也是一个老字号产品获得非凡成功的精髓所在。

■2006年12月，由商务部再次重新认定浙江省粮油食品进出口股份有限公司塔牌绍兴酒为首批"中华老字号"，证书编号：11010。

DELICIOUS 美食篇 FOOD

杭州老字号系列丛书

美食篇

◎杭州老字号名菜篇◎

肆

杭州名菜

江南忆，最忆是杭州。如今人们对杭州的认识已经不仅仅局限于西湖、龙井、钱塘弄潮美景，而且还有以"食有肉，居有竹"为文化底蕴的雅致杭州菜。

杭州菜系是中国八大菜系之一——浙菜中最主要的一支，博采各大菜系之所长，尤以"南料北烹"、"口味交融"风靡大江南北。杭州素有"鱼米之乡、丝绸之府、文化之邦"的人文地志，自唐宋以来一直为江南重要的政治、经济、文化中心。杭州菜受到中原文化之润泽，兼收江南水乡之灵秀，得益于富饶物产之便利，形成了制作精细、清鲜爽脆、淡雅细腻的风格。

"清淡"是杭州菜一个重要的特点。这符合现代人的饮食趋势。判断吃的"段位"高低标准之一即用盐的多少。盐多味重，自然是原料本身无味或有异味造成，一般人日常饮食多如此。而真正的美食家推崇的却是原料本身的味道。浙江兰溪人，明清著名文学家李渔同时也是个美食家。在他所著的《闲情偶寄》中说："从来至美之物，皆利于独行（独味烹制，不加配料，少加调料）。"杭州菜的烹调讲究清鲜，重视配料调味，目的是为了突出主料之本味，切忌喧宾夺主。

杭州菜又称"京杭大菜"，口味上南北交融。当时贯穿南北的京杭大运河使北方烹饪方法传入杭州，因此杭州菜的口味比较能为北方人接受。它不像苏州菜那么甜，也不像上海菜那么浓重。宋代大诗人苏东坡曾盛赞"天下酒宴之盛，未有如杭城也"，且有"闻香下马"的典故。

1956年浙江省认定的36个杭州名菜：

油焖春笋、西湖醋鱼、杭州酱鸭、排南、春笋步鱼、蛤蜊氽鲫鱼、蜜汁火方、火腿蚕豆、鱼头豆腐、荷叶粉蒸肉、鱼头浓汤、咸件儿、干炸响铃、火踵神仙鸭、红烧卷鸡、一品南乳肉、虾子冬笋、油爆虾、龙井虾仁、叫化童子鸡、南肉春笋、清蒸鲥鱼、糟烩鞭笋、火蒙鞭笋、清汤鱼圆、西湖莼菜汤、八宝童鸡、糟鸡、栗子冬菇、糟青鱼干、生爆鳝片、栗子炒子鸡、杭州卤鸭、百鸟朝凤、东坡肉、番茄虾仁锅巴。

◎油焖春笋◎

原料：

酱油：75毫升，芝麻油：15毫升，生净笋肉：500克，白糖：25克，花椒：10粒，味精：1.5克，色拉油：75毫升。

制法：

1.将笋肉洗净，对剖开，用刀拍松，切成五厘米长的段。

2.将炒锅置中火上烧热，下色拉油至130℃度左右时，放入花椒，炸香后捞出，将春笋入锅煸炒至色呈微黄时，即加入酱油、白糖和水100毫升，用小火烧5分钟，待汤汁收浓时，放入味精，淋上芝麻油即成。

特点：

嫩春笋以重油、重糖烹制，色泽红亮，鲜嫩爽口，略带甜味，是杭州传统时令风味名菜。

杭州老字号系列丛书

美食篇

◎西湖醋鱼◎

"西湖醋鱼"是杭州名菜中的看家菜。烹制西湖醋鱼最为有名的是孤山南麓的百年老店"楼外楼"。西湖醋鱼，相传是南宋宋五嫂鱼菜的遗制，又称"叔嫂传珍"，民间传说是古时嫂嫂给小叔烧过一碗加糖加醋的鱼而来的。此菜选用体态适中的草鱼，最好先在清水中汆熟，要掌握火候。装盘后淋上糖醋芡汁。成菜色泽红亮，肉质鲜嫩，酸甜可口，略带蟹味。

原料：

草鱼：1条（约重700克），绍酒：25毫升，酱油：75毫升，姜末：2.5克，白糖：60克，湿淀粉：50克，米醋：50毫升，胡椒粉：适量。

制法：

1.将草鱼饿养一到两天，促使其排泄尽草料及泥土味，使鱼肉紧凑，烹制前宰杀洗尽。

2.将鱼身从尾部入刀，剖劈成雌、雄两片，斩去鱼牙，在鱼的雄片上，从离鳃盖瓣4.5厘米开始，每隔4.5厘米左右斜批一刀，共批五刀，在批第三刀时，在腰鳍后0.5厘米处切断，使鱼成两段，以便烧煮。在雄片剖面脊部厚处向腹部斜剞一长刀，不要损伤鱼皮。

3.炒锅内放清水1000毫升，用旺火烧沸，先放雄片前半段，再将鱼尾段接在上面，然后将雄片和雌片并放，鱼头对齐，鱼皮朝上，盖上锅盖。待锅水再

241

沸时，启盖，撇去浮沫，转动炒锅，继续用旺火烧煮约三分钟，用筷子轻轻地扎鱼的雄片颌下部，如能扎入即熟。锅内留下250毫升的汤水，放入酱油、绍酒、姜末，即将鱼捞出，放入盘中，装盘时将鱼皮朝上，把鱼的两片背脊拼成鱼尾段与雄片拼接，并沥去汤水。

4.锅内原汤汁中，加入白糖、米醋和湿淀粉、调匀的芡汁，用手勺推搅成浓汁，浇遍鱼的全身即成。上桌随带胡椒粉。

特点：

烹制"西湖醋鱼"一般选用西湖鲲鱼（即草鱼）作原料，烹制前饿养两天，使其排净肠内杂物，除去泥土气。烹制后鱼肉嫩美，带有蟹肉味。20世纪50年代，此菜以白堤上楼外楼菜馆蒋水根师傅烹制的最为出色，曾多次为周恩来总理等中外贵宾宴请烹烧。

◎杭州酱鸭◎

杭嘉湖与宁绍平原，水网交错，河湖密布，泥螺、鱼、虾等资源丰富，有着饲养鸭群的优越自然条件，具有500多年历史的绍兴麻鸭和体壮肥嫩的北京白鸭遍及全省。

"杭州酱鸭"选用当年饲养成熟的肥壮鸭子，经先腌后酱精心制作而成，其肉色枣红，芳香油润，富有回味，是一道佐酒佳肴，是杭州传统的风味名菜。

原料：

　　净鸭：1只（约重1250克），姜：5克，酱油：350毫升，绍酒：50毫升，桂皮：3克，葱段：15克，白糖：50克。

制作方法：

　　1.鸭空腹宰杀，洗尽后在肛门处开膛挖出内脏，除去气管、食管，再洗尽后斩去鸭掌，用小铁丝钩住鼻孔，挂在通风处晾干。

　　2.将精盐和火硝拌匀，在鸭身外均匀地擦一遍，再在鸭嘴、宰杀开口处内各塞入5克拌料，将鸭头扭向胸前夹入右腋下，平整地放入缸内，上面用竹架架住，大石块压实，在0℃度左右的气温下腌12小时即出缸，倒尽肚内的卤水。

　　3.将鸭放入缸内，加入酱油以浸入为度，再放上竹架，用大石块压实，在气温0℃左右浸24小时将鸭翻身，再过24小时出缸。然后在鸭鼻孔内穿细麻绳一根，两头打结，再用50厘米长的竹子一根，弯成弧形，从腹部刀口处放入肚内，使鸭腔向两侧撑开。然后将腌过的酱油加水50%放入锅中煮沸，去掉浮沫，将鸭放入，用手勺将卤水不断浇淋鸭身，至鸭成酱红色时捞出沥干，在日光下晒两至三天即成。

　　4.食用前先将鸭身放入大盘内（不要加水），淋上绍酒，撒上白糖、葱、姜，上笼用旺火蒸至鸭翅上有细裂缝时即成，并倒入腹内的卤水，冷却后切块装盘。

特点：

　　鸭子先腌后酱，肉色枣红，芳香油润，咸中带鲜，富有回味，是杭州传统的风味名菜。

◎排　南◎

排南是采用金华火腿为主料烹制的杭州传统名菜。据《本草纲目拾遗》记载，金华火腿益肾、养胃、生津、壮阳、固骨髓、健足力。杭州厨师在火腿食用方法上，从火候到刀工都独具匠心，创造出一些各具特色的美味菜肴。排南是一款既美味又滋补的美味佳品。

原料：

熟上方火腿：1块（约重50克），白糖：15克，绍酒：10毫升。

制法：

将火腿上方留3.5厘米厚的肥膘，其余肥膘批去不用，然后切成厚薄均匀、形似骨块的小方块24块，分3层装盘，底层12块，中层8块，上层4块。将白糖加少许开水融化后再加绍酒均匀，浇在排南块上面，放入蒸笼，扣上碗，蒸一分钟以后即成。

特点：

取料讲究，刀工方正，整齐美观，香浓味鲜，咸中略带甜味。

◎春笋步鱼◎

原料：

　　鲜活步鱼：400克，白糖：5克，酱油：20毫升，湿淀粉：50克，胡椒粉：适量，葱段：10克，精盐：10克，色拉油：500克，绍酒：10毫升，味精：2.5克，芝麻油：5毫升，生净笋肉：100克。

制法：

　　1.将步鱼剖杀净，刮去鱼鳞切去胸鳍，斩齐鱼尾，批成雌雄两片，用精盐、湿淀粉上浆，拌匀待用。笋切成比鱼块略小的滚刀块。

　　2.将酱油、白糖、绍酒、味精、湿淀粉和汤水，放入碗中调成芡汁待用。

　　3.炒锅置中火上烧热，滑锅后下色拉油，至80℃时倒入笋块炸15分钟，用漏勺捞起，待油温升至130℃时，倒入鱼块，用筷子划散，将笋块复入锅，约炸20秒钟，起锅倒入漏勺。

　　4.锅内留油25毫升，放入葱段煸出香味，即下鱼块和笋块，接着把调好的芡汁倒入锅，轻轻颠动炒锅，以防鱼肉散碎，待芡汁包住鱼块时，淋上芝麻油即成。吃时根据食者爱好，加适量胡椒粉。

特点：

　　鱼嫩味鲜，笋脆爽口，色泽黄亮，为杭州传统名菜中初春难得的时令菜。

◎蛤蜊汆鲫鱼◎

原料：

　　净鲫鱼：1条，蛤蜊：20只，绿蔬菜25克，姜块：1块，精盐：2克，奶汤：1250毫升，味精：5克，葱结：25克，姜末醋：1碟，绍酒：25毫升，熟鸡油：10毫升，熟猪油：50毫升。

制法：

　　1.在鲫鱼背脊肉丰厚处，从头到尾两面各直切一刀，刀深至骨。

　　2.炒锅置旺火上烧热，用油滑锅后，下猪油至110℃左右时，将鱼在沸水中稍烫，即放入锅略煎，迅速翻身，加入绍酒、葱结、姜块、奶汤，盖好锅盖，旺火烧5分钟左右，取出鱼，装入品锅，汤汁用细筛过滤后倒入品锅。

　　3.在烧鱼的同时，将洗净的蛤蜊用开水烫至外壳略开，去掉泥衣，放在鱼的两边，围上熟绿蔬菜，淋上鸡油即成。上桌时带姜末醋一碟。

特点：

　　此菜河鲜、海鲜合一，汁浓白，肉鲜嫩，汤鲜味美，营养丰富，风味别致，是颇受食者珍爱的滋补佳品，为杭州的传统名菜。

◎蜜汁火方◎

原料：

带皮熟火腿肉 1 块：400克，通心白莲：50克，蜜饯青梅：1颗，冰糖樱桃：5颗，糖桂花：2克，绍酒：75克，冰糖：150克，干淀粉：15克。

制法：

1.将通心白莲放在50℃的热水中浸泡后，放在碗内上蒸笼，用旺火蒸酥待用。

2.用刀刮净火腿皮上的细毛和污渍，洗净。将火腿肉面朝上放在砧板上，切成12个小方块，放在碗里，用清水浸没，加入绍酒25克、冰糖25克，上蒸笼用旺火蒸1小时，至火腿八成熟时，滗去汤水，再加入绍酒25克、冰糖75克，用清水浸没，放进蒸熟的莲子。再上蒸笼用旺火蒸1小时30分钟，将原汁滗入碗中，待用。将火方扣在高脚汤盘里，围上莲子，缀上樱桃、青梅。

3.炒锅置旺火，加水50克，加冰糖25克，倒入原汁煮沸，撇去浮沫，把干淀粉用清水25克调匀，勾薄芡，徐徐浇在火方和莲子上，撒上糖桂花即成。

注意：

1.煮时水面比肉稍高，不使露出。

247

2.切火腿肉时，皮不能切断（切成12个小方块）。

特点：

　　"蜜汁火方"是蜜汁类蒸制甜菜，它选用浙江特产金华火腿中质地最佳的中腰峰雄片制成，乃1956年浙江省认定的36种杭州名菜之一。

　　金华火腿起源于宋代，因选料精细，腌制考究，芳香浓郁，鲜咸适口，为人们常年食用。相传宋代抗金民族英雄宗泽将军回义乌时，带了几只咸火腿进京贡给皇上，宋高宗看到咸火腿肉色如火，口味鲜美，便赐名它为"金华火腿"。由于金华火腿香气浓郁，历史悠久，在宋代和明代皆已作为宴席上的珍贵佳肴。清代著名的"满汉全席"中就有"金华火腿拼龙须菜"、"火腿笋丝"等。各色山珍海味菜肴，都需用火腿搭配才佳。

　　"蜜汁火方"用冰糖浸蒸，肉色火红，肉质酥糯，味甜馥香，汤汁稠浓，咸鲜而带重甜。再衬以武义宣平特产白莲子，缀上青梅、樱桃，色彩艳丽，食之回味无穷。

◎火腿蚕豆◎

"火腿蚕豆"选料十分讲究，它要选用"清明见豆节，立夏可以吃"的本园早熟蚕豆，豆粒的眉部仍呈绿色，肉质幼嫩的，连皮烹煮食用，皮软肉嫩，别有滋味。如豆眉变深色，则应剖去豆眉，如豆眉变黑，则要剥壳烹煮，以保持鲜嫩特色。本菜是杭州传统名菜之一。

原料：

熟火腿上方：75克，白糖：10克，嫩蚕豆：300克，味精：3克，奶汤：100毫升，熟鸡油：10毫升，精盐：2克，色拉油：30毫升，湿淀粉：10克。

制法：

1.将蚕豆除去豆眉，用冷水洗净，在沸水中略焯。熟火腿切成0.3厘米厚、1厘米长的方丁。

2.锅置中火上烧热，下色拉油至150℃时，将蚕豆倒入，约煸10秒钟，把火腿丁下锅，随即放入奶汤，加白糖和精盐，烧一分钟，加入味精，用湿淀粉调稀勾芡，颠动炒锅，淋上鸡油，盛入盘内即成。

特点：

红绿相间，色泽鲜艳，清香鲜嫩，回味甘甜，是春季时鲜菜之一。

◎鱼头豆腐◎

"砂锅鱼头豆腐"是杭州著名的菜肴之一，据说其所以著名与清代乾隆皇帝有关。关于"鱼头豆腐"，要从过去王润兴饭店的店堂中挂着的一副对联说起，对联句是这样写的："肚饥饭碗小，鱼美酒肠宽。问客何处好，嫩豆腐烧鱼。""嫩豆腐烧鱼"指的就是鱼头豆腐。它是王润兴的看家名菜。

原料：

净花鲢鱼头：半条（约重750克），绍酒：40毫升，味精：10克，姜块：10克，熟火腿：20克，菜心：4棵，精盐：15克，熟猪油：75毫升，豆瓣酱25克。

制法：

1.将花鲢鱼头去掉牙，在近头部背肉处深剞两刀，鳃盖肉上剞一刀，胡桃肉上切一刀，剖面涂上豆板酱，正面抹上酱油15毫升，使咸味渗入整个鱼头。豆腐切成4厘米长，1厘米厚的片，用沸水焯去腥味。香菇切片，青蒜切段。

2.炒锅置旺火上烧热，下熟猪油，至180℃左右时，将鱼头正面下锅略煎。滗去油，加酱油60毫升和绍酒、白糖略收，将鱼头翻身，再加汤水750毫升，放入豆腐、笋片、香菇、姜末。烧沸后，倒入砂锅，在微火上烧15分钟，再移到中火上烧2分钟，撇去浮沫，加入青蒜、味精，淋上熟猪油50毫升，原锅上桌即成。

特点：

花鲢又名鳙鱼，俗称胖头鱼、包头鱼。此菜油润、滑嫩、鲜美，汤纯味厚，清香四溢，是杭州传统名菜中冬令时菜。

◎ 荷叶粉蒸肉 ◎

原料:

　　五花猪肉:500克,鲜荷叶:2张,粳米和籼米:各80克,葱姜丝:各30克,山奈(中药材):0.5克,桂皮:1克,八角:1克,丁香:0.5克,甜面酱:60克,黄酒:40克,白砂糖:15克,酱油:70克。

制法:

　　1.先将粳米和籼米洗净晒干,再把八角、山奈、丁香、桂皮与米一起炒到黄色,冷却后磨成粗粉待用。

　　2.将洗净的猪肉切成8块,并在每块肉中间直切一刀,但不要切破皮,然后放进盛器,加甜面酱、白糖、酱油、黄酒和葱姜丝拌和,腌渍1小时入味,再倒入米粉拌匀,并在肉中间刀头处嵌入米粉。

　　3.荷叶用开水烫过后,切成八小张,每张上面放肉一块,包扎成小方块,放水上蒸,旺火蒸上2个小时,开锅拆叶装盆即成。

另一种制法:

　　用大碗或盆一只,底上放鲜荷叶一张,将拌好粉的肉排放在上面,覆盖一张荷叶,上笼用旺火蒸2小时至酥熟,再用小张鲜荷叶将肉块分别包好,吃前再上笼用文火焖蒸30分钟即成。此法荷叶保持鲜绿,肉质更加清香有味。

特点:

　　肉质酥烂不腻,透出荷叶清香,是杭州传统名菜中的夏令应时菜肴,佐酒、下饭或夹饼同食均佳。

◎鱼头浓汤◎

原料：

  净花鲢鱼头：半片（带肉约重750克），熟鸡油：5毫升，熟猪油：75毫升，绍酒：40克，熟火腿：20克，精盐：15克，菜心：4棵，味精：10克，葱段：10克，姜块：10克。

制法：

  1.取不带背骨的鱼头半片，鳃肉上剞1刀，下颌处斩一刀，去牙，洗净。姜去皮拍松，火腿切成薄片。菜心取长约13厘米，大的一开四，小的对剖开。

  2.将炒锅和锅盖刷洗净，锅置旺火上烧热，滑锅后，下猪油至110℃左右时，将鱼头用沸水烫一下，剖面朝上放入锅内略煎，加入绍酒、姜块，将鱼头翻转，加沸清水1750毫升，盖上锅盖，用旺火烧约5分钟，放入菜心，再烧1分钟，然后将鱼头从锅中捞出，盛入品锅，菜心放在鱼头四周。葱、姜捞出，撇去汤面浮沫，加精盐和味精，用细网筛过滤，倒入品锅，盖上火腿片，淋上熟鸡油即成。上桌随带姜末醋。

特点：

  这是一道从"鱼头豆腐"衍生创制出来的杭州传统名菜。此菜汤浓如奶，油润、嫩滑、色佳味美，比起鱼头豆腐，另有一番风味。

◎ 咸件儿 ◎

原料:

带皮猪肋条咸肉:1块(约重500克),绍酒:250毫升。

制法:

将咸肉刮尽皮上的余毛和污物,用热水洗净,斩成同样大小的两块,放入大锅,加清水至浸没肉身,加入绍酒,用旺火烧沸后,改用温火焖煮至七八成熟时捞出,放入笼中蒸熟,去掉全部骨头,放平压实。冷却后将肉块周围修削齐整,切成8厘米的长条,放入钵中,钵下用热水保温。食用时取出,用斜刀切成1.3厘米厚的小长方块。这是按咸件儿的大小切块,一般食用者可根据食者的具体情况,改切成小骨牌块等其他形状。

特点:

此菜焖蒸结合,肉质香酥不腻。薄皮细肉的五花夹心,红如胭脂,白似洁玉,色彩分明,鲜嫩入味。

◎干炸响铃◎

从前这个菜不是现在的形状，也不叫"响铃"。民间传说，一次有位英雄专点此菜佐酒，不巧店里的豆腐皮正好用完了。英雄不愿败兴，听说豆腐皮在富阳泗乡定制，即上马扬鞭，取回了豆腐皮。店主深为感动，为他精心烹制，并特意做成马铃形状。从此，"炸响铃"就流传开了。

原料：

系用优质豆腐皮裹入里脊肉末，切成寸段，油炸而成。若裹入笋末、香菇末及马铃薯泥，则成为素食者喜爱的"素响铃"。

制法：

烹调时，用富阳著名土特产优质豆腐皮卷入精细肉末，切成寸段，油炸而成。如卷入土豆泥或香菇末、冬笋末炸成的称"素响铃"。干炸响铃色泽黄亮，形如马铃，松脆爽口，食用时辅以甜酱或花椒盐、蕃茄酱，味道更佳，是下酒的好菜。

特点：

干炸响铃色泽黄亮，形如马铃，松脆爽口。

◎火踵神仙鸭◎

原料：

　　肥鸭：1只（约重1500克），净火踵：1只（约重300克），葱结：30克，
姜块：15克，精盐：15克，绍酒：15毫升，味精：3克。

制法：

　　1.将鸭宰好，煺净，背部尾梢上横开一小口，取出内脏。背脊直划一刀。
放入沸水锅中，煮3分钟，去掉血污，挖掉鸭膆，敲断腿梢骨，洗净。

　　2.取大砂锅一只，用小竹架垫底，鸭腹朝下，和火踵并排摆在上面，放入
葱结、姜块，加清水约3500毫升，加盖至旺火上烧沸，移至微火上焖炖至火腿
和鸭子半熟，启盖，取出葱、姜，捞出火踵剔去踵骨，仍放入锅内，再把鸭子
翻个身，盖好锅盖，在微火上继续焖炖至火踵、鸭子均酥。然后捞出小竹架，
撇去浮油，将火踵取出，整齐地覆盖在鸭腹上面，加入绍酒、精盐，盖好锅
盖，再炖5分钟，使佐料和原汁渗入到鸭肉内，最后，加入味精上桌。

　　3.此菜加上天目笋干、鲜笋同炖，即成为有名的"笋干老鸭煲"。

特点：

　　此菜火踵鲜红浓香，鸭肉肥嫩油润，原汁原味，营养丰富，诱人食欲。

◎红烧卷鸡◎

原料：

泗乡豆腐皮：18张，水发香菇：50克，熟笋片：25克，绿蔬菜：25克，酱油：30毫升，芝麻油：5毫升，白糖：5克，色拉油：750毫升，味精：2.5克。

制法：

1.笋干剪去老头，撕成丝，腐皮用湿毛巾润潮，撕去边筋，3张一帖地横放在墩板上互相重叠一半。然后将笋干丝放在腐皮下端排齐，从下向上卷紧，切成4厘米长的段，即成"卷鸡"段。香菇批片。

2.锅置旺火上，下色拉油烧至150℃时，放入卷鸡段，炸至金黄色时，用漏勺捞出。锅内留油25毫升，将笋片、香菇倒入锅内略煸，放入酱油、白糖、素汤汁和卷鸡段同煮3分钟左右。等汤汁收浓到1/5时，再加入味精和焯熟的绿蔬菜，起锅装盘，淋上芝麻油即可。

特点：

成菜柔软、鲜嫩、浓香，富有乡土风味，是杭州传统名菜。

◎一品南乳肉◎

原料：

净猪五花条肉：500克（长方形整块），味精：0.5克，葱、姜：2克，绿蔬菜：200克，红曲粉：5克，绍酒：15毫升，精盐：2.5克，白糖：20克，熟猪油：15毫升。

制法：

1.将五花条肉用铁筷夹住，皮面朝下放到炉火上烤至肉皮起泡，用刀刮去焦部，然后再放到炉火上烤至发泡炭化，再刮去焦黑的部分，留下焦黄的皮层，然后用刻刀在皮面的四周雕出花纹，中间刻"一品"两个字（也有不刻字的，而采用横直或其他花纹）。

2.将肉在沸水锅中略余，洗净，锅内放小竹架，将皮肉朝下放入锅，将葱、姜、绍酒、酱油、白糖、腐乳和精盐1克、水250毫升，旺火煮沸，小火焖烧约半小时，加红曲粉，继续烧约半小时，至八成熟时捞出，皮朝下装入碗内，加入原汤汁，盖以平盘上笼用旺火蒸酥为止。

3.将肉从笼中取出，滗去卤汁，覆扣在盘中。卤汁入锅收浓，淋于肉上。

4.用熟猪油下锅烧热，放入绿蔬菜，加精盐、味精，炒熟起锅，滗去汁水，放入肉的两边即成。

特点：

肉皮经反复烧烤、蒸制，香气浓郁，肉红菜绿，红绿相衬，色泽鲜艳，肉酥而不腻，菜绿而爽口，是杭州传统名菜。

杭州老字号系列丛书　美食篇

257

◎虾子冬笋◎

原料：

生冬笋肉：400克，奶汤：125毫升，干虾子：5克，味精：2克，湿淀粉：10克，色拉油：500毫升，绍酒：10毫升，白糖：10克。

制法：

1.将冬笋洗净，切成4厘米长、1厘米宽、8厘米厚的片。

2.炒锅置中火上烧热，下色拉油，至100℃时，倒入冬笋"养"炸3分钟，即倒入漏勺，沥去油。

3.锅内留油10毫升，倒入虾子略煸，即放入冬笋，加绍酒、酱油、白糖及奶汤，盖好锅盖，用小火煮3分钟，放入味精，用湿淀粉调稀勾芡，顺锅边淋入芝麻油，颠动炒锅，出锅装盘即成。

特点：

冬笋鲜嫩爽脆，配以鲜香虾子，其味更佳。此菜是杭州传统名菜。

◎油爆虾◎

原料：

　　鲜活大河虾：350克，绍酒：15毫升，白糖：25克，米醋：15毫升，酱油：20克，色拉油：500毫升。

制法：

　　1.将虾剪去钳、须、脚，洗尽沥去水。

　　2.炒锅下色拉油，旺火烧至220℃时，将虾入锅，用手勺不断推动，约炸30秒钟用漏勺捞起，待油温回升至200℃左右时，将虾倒入复炸10秒钟，使肉与壳脱开，用漏勺捞出。

　　3.将锅内油倒出，放入葱段略煸，倒入虾，烹入绍酒，加酱油、白糖及少许水，颠动炒锅，烹入米醋，出锅装盘即成。

特点：

　　虾壳红艳松脆，若即若离，入口一舔即脱，虾肉鲜嫩，略带甜酸，风味独特，是杭州传统名菜。

◎ 龙井虾仁 ◎

原料：

　　大河虾1000克。龙井新茶1克，鸡蛋清1只，绍酒1汤匙，生粉适量。

制法：

　　1.将大河虾去壳挤出虾肉，用清水反复搅洗至虾仁雪白，滤干水后，盛入碟内，放盐和蛋清，用筷子搅拌至有粘性时，加入生粉、味精拌匀腌2小时。

　　2.将龙井新茶用滚水50克泡开约1分钟，滗出茶叶30克，乘下的茶叶和茶汁备用。

　　3.烧热锅，下油，至四成熟时，放入虾仁，并迅速用筷划散，至虾仁呈玉白色时，倒入漏勺滤去油。下葱煨锅，将虾仁倒入锅中，迅即将茶叶连汁倒入，淋入绍酒，翻炒片刻即可。

特点：

　　虾仁玉白、鲜嫩，芽叶碧绿、清香，色泽雅丽，滋味独特，食后清口开胃，回味无穷，在杭菜中堪称一绝。

◎叫化童子鸡◎

原料：

净嫩母鸡：1只（约重1500克），鲜荷叶：3张，精盐：2克，熟猪油：25毫升，花椒盐：10克，酱油：35毫升，八角：1瓣，京葱：100克，味精：2.5克，细麻绳：4米，山奈：1克，白糖：10克，猪网油：250克，猪腿肉：75克，白报纸：1张，葱段：5克，绍酒：75毫升，酒泥坛：3500克，姜丝：5克。

制法：

1.洗杀：将母鸡宰杀，煺毛，洗净，在左翅膀下割开约3.5厘米的口子；取出内脏、气管，用水淋洗洁净，沥干。剁去鸡爪，取出鸡翅主骨和腿骨，将颈骨折断，便于烤煨时包扎。

2.腌制：将山奈、八角碾成粉末，放入瓦钵内，加入绍酒、酱油、白糖、精盐、葱段、姜丝拌匀，将鸡放入腌15分钟，其间翻动2—3次，使调料均匀渗入鸡体内。

3.炒料：将猪腿肉、京葱切成丝。炒锅置旺火上烧热，用油滑锅后，下熟猪油25毫升，放入京葱丝、肉丝煸透，加绍酒、酱油、精盐、味精，炒熟装盘待用。

4.包扎：先将炒熟的辅料从鸡腋下刀口处填入鸡腹，再将腌鸡的卤汁一起灌入，然后用猪网油包裹鸡身，先用2张荷叶包裹，第二层包一层透明纸，再包一张荷叶，接着用麻绳捆两道十字形。

5.涂泥：将酒坛泥砸碎，加入绍酒沉渣、粗盐和水捣韧，平摊在湿布上，把鸡包轧好，并用手沾水拍打湿布四周，使泥牢固地贴在麻绳上。然后除掉湿布，包以白报纸，以防煨烤时泥土脱落。

6.煨烤：采用烘箱，先用200℃高温，将泥团中鸡身逼熟，以防微温引起鸡肉变质、变味。40分钟后，将温度调到160℃左右，持续烘烤3—4小时即可熟烂。煨烤时要注意使泥团中鸡腹朝上，防止油漏出流失。

7.上席：将煨好的叫化鸡泥团放在搪瓷盘里端入餐厅，当场敲开泥团，然后将荷叶等包裹物去掉，将鸡和卤汁倒入备好的腰盘，端上餐桌，随带花椒盐供蘸食。

◎南肉春笋◎

原料：

　　熟净五花咸肉：200克，芝麻油：10毫升，味精：2.5克，绍酒：10毫升，

熟鸡油：10毫升，咸肉原汤：100毫升，春笋：200克。

　　此菜传说也与苏东坡有关。苏公爱吃猪肉是很出名的。他写了不少关于吃

肉的诗，但他更爱居室四周之竹，传闻他曾这样写道："可使食无肉，不可居

无竹。无肉令人瘦，无竹令人俗。"有人就按其意写道："若要不瘦又不俗，

最好餐餐笋烧肉。"这就引申出"南肉春笋"这一菜的吃法。

制法：

　　1.将咸肉斜刀切成2厘米见方的块。笋肉用清水洗净，切旋刀块。

　　2.锅内放清水400毫升，加咸肉原汤，用旺火煮沸后，把咸肉和笋块同时下

锅，加入绍酒，移到小火上煮10分钟，待笋熟后，放入味精，淋上鸡油，放入

焯熟的绿蔬菜即可。

特点：

　　此菜选用薄皮五花南肉与鲜嫩春笋同煮，爽嫩香糯、汤鲜味美。"南肉春

笋"便成为人们爱吃的杭州传统名菜。

◎清蒸鲥鱼◎

原料：

生净鲥鱼：1条，姜末醋：1碟，猪网油：100克，甜酱瓜：25克，绍酒：15毫升，味精：2克，熟火腿：20克，笋尖：25克，白糖：3克，精盐：2克，水发香菇：20克。

制法：

1.鲥鱼不去鳞，鳞面朝上放砧板上，每隔2厘米直切一刀，刀深为鱼肉的一半。火腿切4薄片，甜酱瓜、姜也批成片。

2.取大面碗1只，将网油平铺碗底，火腿放网油中间，周围放香菇、笋和甜酱瓜、姜片，排列整齐，然后放上鲥鱼，加水15毫升和绍酒、精盐、白糖、猪油、葱结、姜块，上笼用旺火蒸15分钟，出笼，拣去葱、姜块，滗去原汁，加上味精和葱段调准口味。把鲥鱼覆扣在大鱼盘里，揭去网油，浇入调好的原汤即成。上桌外带姜末醋。

特点：

此菜色泽多样，银鳞闪烁，鱼肉肥腴鲜嫩，鱼鳞吮之油润，加上此菜的传奇色彩，食时情趣横生。此菜是杭州传统名菜中的夏令时菜，且具有温中补虚、清热解毒作用。

◎糟烩鞭笋◎

原料:

生净嫩鞭笋肉：300克，香糟汁：50毫升，芝麻油：10毫升，湿淀粉：25克，味精：3克，精盐：5克，色拉油：25毫升。

制法:

1.笋肉切成5厘米长的段，对剖开，用刀轻轻拍松。香糟放入碗内，加水100毫升，搅散、捏匀，用细筛子或纱布滤去渣子，留下糟汁待用。

2.炒锅置中火上烧热，下色拉油至130℃时，将鞭笋倒入锅内略煸，加水300毫升，烧5分钟左右，再放入精盐、味精，倒入香糟汁，即用湿淀粉调稀勾芡，淋上芝麻油即成。

特点:

此菜糟香浓郁，鲜嫩爽口，色泽明亮，是夏令开胃时菜。

◎火蒙鞭笋◎

原料：

　　嫩鞭笋：400克，熟火腿末：15克，熟鸡油：25毫升，熟猪油：30毫升，奶汤：200毫升，味精：2克，湿淀粉：10克。

制法：

　　1.将鞭笋洗净，对剖开，用刀拍一下切成条块。

　　2.炒锅置中火上，下熟猪油，放入鞭笋，颠锅略焖，随即加入奶汤，盖上锅盖，移至小火上煮5分钟后，加精盐、味精，用湿淀粉调稀勾薄芡，起锅装盘，撒上火腿末，淋上熟鸡油即可。

特点：

　　此菜笋壮鲜嫩，红白相映，色泽雅丽，食时爽脆，为杭州传统名菜中夏令时菜。

◎清汤鱼圆◎

原料：

　　净鲢鱼肉：350克，熟火腿：3片，熟笋：3片，水发熟香菇：15克，豌豆苗：25克，精盐：17克，味精：2.5克，熟鸡油：2.5克。

烹调过程：

　　将鲢鱼去皮刮肉斩排成茸，加适量盐和水搅匀，再加荤油、姜水搅打，放入冰箱15－20分钟胀发后取出，用瓢羹一次次舀到冷水锅里加热。先用旺火烧滚，再改小火"养熟"，即成鱼丸。起锅加清水，放进鱼丸，用旺火烧沸，加盐、味精及豌豆苗，定味后盛入品锅，将熟火腿片和熟笋片，在鱼圆上摆成三角形，中间摆上熟香菇朵，四周以豌豆苗点缀，淋上熟鸡油即成。

特点：

　　鱼丸软嫩，汤清味鲜，爽滑适口。

杭州老字号系列丛书　美食篇

◎西湖莼菜汤◎

原料：

主料：新鲜西湖莼菜150克，熟火腿25克，熟鸡脯肉50克。

调料：精盐2.5克，味精2.5克，高级清汤350克，熟鸡油10克。

制法：

1.将熟鸡脯肉、熟火腿均切成6厘米长的丝。

2.将炒锅置旺火上，舀入清水500克烧沸，投入莼菜，沸后立即捞出，沥去水，盛在汤碗中。

3.把高级清汤和精盐、味精一起放入炒锅内烧沸，浇在莼菜上，再摆上熟鸡脯丝、熟火腿丝，淋上熟鸡油，即成。

特点：

"西湖莼菜汤"，又名"鸡火莼菜汤"。系用杭州西湖特产莼菜与鸡脯丝、火腿丝合烹成菜，色彩和谐，汤纯味美，莼菜鲜嫩润滑，脍炙人口。

◎八宝童鸡◎

原料：

嫩母鸡：1只，湿淀粉：15克，精盐：5克，糯米：50克，水发冬菇：20克，生姜：1块，熟鸡肫：25克，通心白莲：20克，葱段：1个，干贝：25克，嫩笋尖：25克，绍酒：15毫升，开洋：15克，味精：4克。

制法：

1.将鸡杀白、洗净，斩掉鸡脚，整鸡出骨后，将鸡身翻回原状，洗净。

2.冬菇去蒂、洗净、切丁。糯米、莲子洗净。干贝用水洗净放入碗中，加冷水100毫升，用旺火蒸约30分钟至熟。开洋用沸水泡过待用。

3.把火腿、鸡肫、笋分别切成指甲丁，与糯米、冬菇、开洋、干贝、莲子一起加精盐3克，再加味精3克拌匀，灌入鸡肚内，在鸡脖子上打一个结，以防肚内的东西外溢，然后将鸡投入沸水中烫3分钟，使鸡肉绷紧，再用冷水洗一遍，随即放入大碗内，放上葱、姜加绍酒、清水，上笼用旺火蒸2小时至酥取出，然后将汁水倒入砂锅，加精盐、味精烧沸，用湿淀粉勾薄芡淋在鸡身上即成。

特点：

整鸡出骨，形完整，色明亮，肉鲜嫩，选料讲究，营养丰富，是杭州传统名菜。

◎糟　鸡◎

原料：

　　越鸡：1只（约重2500克），味精：5克，精盐：125克，绍兴糟烧酒：250毫升，绍兴香糟：250克。

制法：

　　1.选用当年新阉肥嫩雄鸡，宰净，放入沸水中余5分钟，取出洗净血污，放入锅中加水至浸没，在旺火中烧沸，移至小火上焖20分钟左右，端离火将其冷却。然后将鸡取出沥干水，放在砧板上，先斩下头、颈，用刀从尾部沿背脊骨对剖开，剔出背脊骨，拆下鸡翅，再取下鸡腿，并在腿内侧厚肉处划一刀。将鸡身斜刀切成两片，用精盐75克和味精拌匀，擦遍鸡的身、翅、腿各个部分。

　　2.将香糟、精盐50克，加冷开水250毫升拌匀，放入糟烧酒，搅匀待用。

　　3.取罐一只，将搅匀的酒糟放1/3于罐底。用一快消毒过的纱布盖住罐底酒糟，将鸡身、翅、腿放入罐内，另取纱布袋一只，装入酒糟，覆盖在鸡的上面，密封罐口腌渍一天即可食用。

特点：

　　此菜鸡肉鲜嫩，糟香扑鼻，别具风格，是冬令佳品。

◎栗子冬菇◎

原料:

水发冬菇:75克,栗子:300克,绿蔬菜:100克,味精:2克,色拉油:40毫升,芝麻油:10毫升,白糖:10克,湿淀粉:10克,酱油:20毫升。

制法:

1.选用大小均匀直径2厘米左右的冬菇,去蒂洗净。栗子横割一刀,放入沸水煮至壳裂,用漏勺捞出,剥去壳膜。

2.炒锅置旺火上烧热,下色拉油,倒入栗子、冬菇略煸炒,加酱油、白糖和汤水150克,烧沸后,放入味精,用湿淀粉调稀勾芡,淋上芝麻油,起锅装盘,四周缀上焯熟的绿蔬菜即成。

特点:

此菜色彩分明,清爽美观,香酥鲜嫩,是杭州传统名菜中的深秋时菜。

◎糟青鱼干◎

原料：

青鱼：1条，酒酿：800克，火硝：3.5克，绍兴糟烧酒：1500毫升，白糖：2250克，绍酒：5000毫升，精盐：750克。

制法：

1.将青鱼放在案板上，不去鱼鳞，用刀从尾部沿着背脊剖至头部，劈开头颅，剖成鱼腹相连的两片，挖出内脏和腮，斩掉牙齿，刮尽腹内黑膜，用干净的布揩尽腹腔。

2.将精盐和火硝拌匀，擦遍鱼的全身，背脊骨处要多擦两遍，在背部厚肉处用竹签扎几个孔，以便将盐硝塞入，防止霉变。再放入大缸（鱼鳞朝下）上面用大石块压住，过7天后取出，用清水洗尽，在日光下晒10天左右。

3.将鱼干切成10厘米长、3.5厘米宽的小块，装入小瓦坛。将酒酿、白糖、绍酒、糟烧酒调制成汁，倒入瓦坛浸没鱼块，用两片毛竹交叉压住鱼干，然后用黏土密封坛口，放入阴凉处腌糟4个月。

4.食前将鱼干放入品锅，加原卤汁、白糖、绍酒至浸没鱼肉，加盖，上笼用旺火蒸约1小时，至鱼肉成鲜红色时即可。

食时改刀装盘，浇以蒸制的原汁即可。糟鱼的老卤滤去杂质，高温消毒后，放在干净的罐内，并用黏土密封，留待次年再用，质量更好。

特点：

青鱼肉质肥美，富含蛋白质，经过冬天腌，初春糟，夏天供应，肉色白里透红，糟香扑鼻，味鲜甜，贮存方便，是佐酒佳肴。此菜是杭州传统风味名菜。

◎ 生爆鳝片 ◎

原料：

大鳝鱼：2条（约重500克），湿淀粉：50克，面粉：50克，绍酒：15毫升，米醋：15毫升，芝麻油：10毫升，白糖：25克，色拉油：750毫升，精盐：2克，酱油：25毫升，大蒜头：10克。

制法：

1.将鳝鱼摔死，在额下剪一小口，剖腹取出内脏，用剪刀尖从头至尾沿脊骨两侧厚处各划一长刀，再用刀剔去脊骨，斩去头、尾，将鱼肉洗净，平放在砧板上（背朝下），排几刀（刀深为鱼肉厚度的三分之一）。然后批成菱角片，盛入碗内，加精盐拌匀，用绍酒5毫升浸渍，加入湿淀粉40克，再加水25毫升，撒上面粉轻轻拌匀。

2.将蒜头拍碎斩末，放入碗中，加酱油、白糖、米醋和绍酒、湿淀粉、水调成芡汁。

3.锅置旺火上，放入色拉油，烧至170℃左右时，将鳝片分散迅速入锅内，炸至外皮结壳时，即用漏勺捞出，盛入盘内。

4.锅内留油25毫升，迅速将碗中的芡汁调匀倒入锅内，用手勺推匀，淋上芝麻油，浇在鳝片上即成。

特点：

鳝片色泽黄亮，外脆里嫩，蒜香四溢，酸甜可口，是具有南料北烹特色的杭州传统名菜。

◎ 栗子炒子鸡 ◎

原料：

嫩鸡肉：250克，米醋：2毫升，鲜嫩栗子肉：100克，湿淀粉：35克，葱段：2克，白糖：10克，绍酒：10毫升，芝麻油：15毫升，酱油：25毫升，色拉油：750毫升，精盐：1克，味精：1.5克。

制法：

1.将鸡肉皮朝下，交叉排斩几下，切成1.7厘米见方的块，盛入碗内，加精盐，用湿淀粉25克调稀搅匀上浆待用。

2.将绍酒、酱油、白糖、米醋、味精放在碗内，用湿淀粉10克调成芡汁待用。

3.炒锅置中火上烧热，滑锅后下色拉油，至130℃时，把鸡块、栗子入锅滑散，15秒钟以后倒入漏勺。原锅留油15毫升，放入葱段煸至有香味，倒入鸡块和栗肉，立即将调成的芡汁加水25毫升搅匀倒入，颠动炒锅，使鸡块和栗子包上芡汁，淋上芝麻油，出锅装盘即成。

特点：

香糯的栗子和鲜嫩的子鸡同炒，色泽黄亮，滋味鲜美，实为难得之口福。

◎杭州卤鸭◎

原料：

　　净鸭：1只（约重2500克），火硝：0.25克，姜块：5克，酱油：1500毫升，绍酒：15升，精盐：50克，白糖：10克，葱段：5克。

制法：

　　1.将鸭子洗净，沥干水分。姜拍松。桂皮掰成小块。

　　2.锅洗净，放入白糖125克及酱油、绍酒、桂皮、葱、姜，加清水750毫升烧沸，将鸭入锅，在中火上煮沸后撇去浮油，卤煮至七成熟时，再加白糖125克，继续煮至原汁色泽红亮稠浓，手勺不断地把卤汁浇在鸭身上，然后将鸭起锅，冷却后，斩成小条块装盘，临食前浇上卤汁即可。

特点：

　　菜肴烹制入味，色泽红润光亮，卤汁稠浓醇口，肉质鲜嫩香甜。

杭州老字号系列丛书

美食篇

◎百鸟朝凤◎

原料：

  净嫩鸡：1只，芝麻油：5毫升，猪腿肉：200克，高筋面粉：100克，葱节：5克，火腿皮：1块，绍酒：25毫升，味精：5克，熟鸡油：15毫升，精盐：7.5克。

制法：

  1.将鸡在沸水中汆一下，去尽血水，捞出洗净。取砂锅一只，用小竹架垫底，放入葱结、姜块、火腿皮，加清水2500毫升，在旺火上烧沸，放入鸡和绍酒25毫升，再沸时移至小火上炖。

  2.腿肉剁成末，加水25毫升，精盐1.5克，绍酒5毫升，味精1克，搅拌至有粘液，再加至芝麻油拌至成馅。面粉揉成面团，擀成水饺皮子20张，放入馅料，包制成鸟形水饺煮熟。

  3.待鸡炖至酥熟，取出姜块、葱结、火腿皮和蒸架，除去浮沫，放入精盐6克，味精4克，将鸟形水饺围放在鸡的周围，置火上烧沸，淋上鸡油即成。

特点：

  "百鸟朝凤"又名"水饺童鸡"。肥嫩香酥的越鸡，围以皮薄馅鲜的鸟形水饺，形象生动，汤汁清香味醇，营养丰富，是杭州传统名菜之一。

◎ 东坡肉 ◎

原料：

　　猪五花肋条肉：1500克，绍酒：250毫升，姜块：50克，酱油：150毫升，

白糖：100克，葱结：50克。

制法：

　　1.选用皮薄、肉厚的猪五花条肉（以金华"两头乌"为佳），刮尽皮上余

毛，用温水洗尽，放入沸水锅内汆5分钟，煮出血水，再洗尽，切成20块方块。

　　2.取大砂锅一只，用小蒸架垫底，先铺上葱、姜块，然后将猪肉（皮朝

下）整齐地排在上面，加白糖、酱油、绍酒、葱结，盖上锅盖，用旺火烧开后

密封边缝，改用微火焖两小时左右，至肉到八成熟时，启盖，将肉块翻身（皮

朝上），再加盖密封，继续用微火焖酥。然后将砂锅端离火口，撇去浮油，皮

朝上装入两只特制的小陶罐中，加盖，用桃花纸条密封罐盖四周，上笼用旺火

蒸半小时左右，至肉酥嫩。食用前将罐放入蒸笼，再用旺火蒸10分钟即可上

席。

特点：

　　此菜以薄皮嫩肉用名酒焖制，色泽红亮，味醇汁浓，酥烂而形不碎，香糯

而不腻口，是杭州传统名菜。

◎ 番茄虾仁锅巴 ◎

原料：

大虾仁：175克，锅巴：100克，鸡蛋清：1个，番茄沙司：125克，味精：2克，米醋：10毫升，绍酒：15毫升，白糖：10克，湿淀粉：50克，色拉油：1250毫升，精盐：4克。

制法：

1.将虾仁在冷水中冲洗至雪白，沥干水，放入碗中，加精盐2克拌匀，放入鸡蛋清，用筷子搅打至有粘液，再加湿淀粉25克搅匀，浆透待用。

2.用不焦的锅巴,刮尽饭粒,切成直径4厘米的菱形小块,烘至干脆。

3.锅烧热，滑锅后，下色拉油至100℃左右热时，倒入虾仁，用筷子划至玉白色时，倒入漏勺，沥去油。将锅置中火上，放水300毫升，加精盐2克和绍酒、番茄沙司、白糖、味精，待汤烧沸时，用米醋和湿淀粉25克拌匀，勾薄芡，然后将虾仁入锅，搅动后起锅装盘。

4.锅洗净，下色拉油，旺火烧至230℃左右时，倒入锅巴，用漏勺翻动，炸至金黄色时捞起，盛在碗内，立即和番茄虾仁汁同时送上餐桌，将汁倒在锅巴上面，即发出"吱吱"的爆裂声。

特点：

锅巴香脆，虾仁鲜爽。

资料链接·中国八大菜系

山东菜

  山东菜简称鲁菜，素有"北方代表菜"之称。春秋战国时，鲁地就以治馔著名，历经汉唐，成为"北菜"主角。宋代所谓"北食"，主要即指鲁菜，元明清时还是宫廷御膳支柱。现代仿膳仍多有鲁菜特色。主要由济南和胶东地方菜组成。济南菜以爆、烧、炒、炸见长，菜品以清、鲜、脆、嫩著称，讲究清汤和奶汤的调剂。胶东菜擅长爆、炸、扒、蒸，口味以鲜为主，偏重调味。其名菜有九转大肠、糖醋黄河鲤鱼、德州扒鸡、油焖鱼、清氽赤鳞鱼、煎白条鱼饼、韭青炒海肠子、福山烧小鸡、烤小雏鸡等。

广东菜

  广东菜简称粤菜，源于西汉。《淮南子》载："越人得蚺蛇以为上肴"。南宋《岭外代答》也说越人"不问鸟兽虫蛇，无不食之"。宋末皇朝南迁，众多御厨骤集羊城，促成了粤菜的长足发展。今粤菜已名播中外，有"吃在广州"之说。粤菜主要由广州、潮州、东江三种地方菜组成。广州菜擅长爆、炒，多变化，配料丰富，讲究鲜、嫩、爽、滑。潮州菜以烹制海鲜见长，汤菜更具特色，刀工精细，口味清纯。东江菜，朴实大方，有乡土味，下油重，味偏咸。粤菜对鱼虾、禽兽、野味等烹制均有特长，尤其对蛇的制作，更有独到之处。其名菜有豹狸烩三蛇（俗名龙虎斗）、片皮乳猪、潮州冻肉、东江盐焗鸡、满坛香、鼎湖上素、大良炒牛奶、炒田螺等。

安徽菜

安徽菜简称徽菜，由皖南、沿江、沿淮三种地方风味组成。相传起于汉唐，兴于宋元，盛于明清。以烹制山珍野味著称，重油，重酱色、重火工。多用砂锅木炭煨炖，故有"吃徽菜，要能等"之说。皖南菜擅长烧、炖，芡大油重，朴素实惠。沿江菜善烹河鲜、家禽，讲刀工，重形色，尤以烟熏技术见长。沿淮菜咸中带酸、汤汁浓重。徽菜名菜有无为熏鸭、符离集烧鸡、徽州丸子、腌鲜鳜鱼、毛峰熏鲥鱼、清蒸鹰龟、奶油肥王鱼、蜂窝豆腐等。

北京菜

北京菜简称京菜，由本地菜与山东菜、宫廷菜融合发展而来。它从元、明、清宫廷御厨和王府家厨逐步流传演变而成。元代，由于其符合蒙古王公口味，一跃而登大雅之堂。入明以后，其势不衰。到清代蔚为大观，以满汉全席为京菜高峰。做法以烤、爆、炸、熘、炒为主，兼用烧、烩。菜肴质地讲究酥、脆、鲜、嫩。选料广泛，刀法精细，烹调讲究，造型美观。主咸，兼合其他口味。名菜有烤鸭和涮羊肉等，有"国菜"之誉。

四川菜

四川菜简称川菜，以成都风味为正宗，包含重庆菜、东山菜、江津菜、自贡菜、合川菜等。相传汉魏六朝，川菜即具特色，至今已有千年以上的历史。以小煎、小炒、干烧、干煸见长，以味多、味广、味厚著称，素有"一菜一格，百菜百味"之誉。调味多用辣椒、胡椒、花椒和鲜姜，味重麻、辣，麻味为其他地方菜所少有。其名菜有回锅肉、鱼香肉丝、灯影牛肉、夫妻肺片、水煮牛肉、清蒸江团、干煸鱿鱼网、宫保鸡丁、麻婆豆腐、怪味鸡块等。

浙江菜

浙江菜简称浙菜，由杭州、宁波、绍兴三种地方风味菜所组成，已有两千年的历史。南宋时在"南食"中占主要地位，明清时更大为发展。杭州菜以爆、炒、烩、炸为主，工艺精细，清鲜爽脆。宁波菜以"鲜咸合一"，蒸、烤、炖制海味见长，讲究嫩、软、滑。绍兴菜长于烹制河鲜、家禽，入口香酥绵糯，汤味浓重，富有乡村风味。浙菜名菜有西湖醋鱼、龙井虾仁、赛蟹羹、香酥焖肉、丝瓜卤蒸黄鱼、三丝拌蛏、西湖莼菜汤、油焖春笋等。

江苏菜

简称苏菜，主要以南京、扬州，苏州三种地方菜组成。早在两千多年前，吴人即善制炙鱼、蒸鱼和鱼片。一千多年前，鸭已为金陵美食。南宋时，苏菜和浙菜同为"南食"的两大台柱。苏菜擅长炖、焖、蒸、炒，重视调汤，保持原汁，风味清鲜，浓而不腻，淡而不薄，酥松脱骨而不失其形，滑嫩爽脆而不失其味。南京菜口味和醇，玲珑细巧；扬州菜清淡适口，刀工精细；苏州菜口味趋甜，清雅多姿。其名菜有烤方、水晶肴蹄、清炖蟹粉狮子头、金陵丸子、黄泥煨鸡、清炖鸡孚、盐水鸭（金陵板鸭）、金香饼、鸡汤煮干丝、肉酿生麸、凤尾鱼、三套鸭、无锡肉骨头、陆稿荐酱猪头肉、沛县狗肉等。

福建菜

福建菜简称闽菜，由福州、漳州、厦门、泉州等地方菜所组成。以清汤、干炸、爆炒为主，调味常用红糟，味重甜酸。名菜有佛跳墙、闽生果、七星丸、桔烧巴、太极明虾、烧生糟鸡、高丽海蚌、梅开三度、白炒鲜竹蛏、菊花鲈鱼球、干炸三肝花卷、淡糟炒鲜竹、橘汁加吉鱼、雪花鸡。

后　记

　　2005年8月，我因宿疾卧病杭州市第一人民医院呼吸科，有原杭州老字号协会徐敏先生来电联系，力邀我参加编撰《杭州老字号系列丛书》工作。同年11月，我被《杭州老字号系列丛书》编委会聘为编委。2006年4月，丛书副主编路峰先生约我编撰丛书"美食篇"，因责有攸归，便允承挑起了这副重担。

　　虽然，我早几年曾先后为杭州市政协文史委员会编的《杭州老字号》一书及杭州出版社出版的《杭州老字号》一书（杭州市上城区文化局与杭州民间文艺家协会合编）撰写过餐饮业的个别老字号，但要全面剖析杭州市餐饮业中的著名老字号，可不是一件容易的事。这是因为：一、许多餐饮业中的老字号，几经沧桑变迁，物是人非，资料不全；二、鄙人长年患病，体质较弱，且拙荆中风在家，而自己亦早已逾花甲渐近古稀，常感精力不足。好在这漫长的一年半的时间里，有徐敏先生一直帮助联系老字号，陪同采访及打印文稿，终于历经酷暑、严寒及三次沉疴入院，尽力写完了本卷中的17篇老字号文稿、3篇杭州美食历史及有关新闻链接。

　　需要说明的是，"采芝斋"、"万隆"、"颐香斋"几篇文章原由编委赵大川先生编撰了一部分内容，"蒋同顺"一文最初也是由葛许国先生费心编撰，后据吴德隆主编的意见，将此四文连同"景阳观"一起并入了"美食篇"，故由我重新构思编撰入本书之中，可以说，此四文中亦凝有赵先生和葛先生的某些心血。此外，"塔牌黄酒"亦系陈婉丽女士所撰。

　　本书在编撰中，为了使所介绍的老字号内容全面充实，吸取了现存的几种老字号书籍，如《吃在杭州》、《杭州老字号》（杭州市政协文史委员会版本）、《杭州老字号》（杭州出版社版本）、《金字招牌——杭州名店》等书籍中的史料及有关说法，以求在沿袭前书积累的资料的基础上，更丰富地展现杭州著名餐饮老字号的发展史与风采，故本书出版亦可说并非是笔者一人之心血；同时还要说明的是，在采访过程中得到了有关餐饮界老字号的大力支持；在成书过程中，得到了李晶、路峰、陈婉丽、张中强等诸位编辑的大力帮助，在此亦一起表示感谢！

由于水平有限及资料不全，本书挂一漏万，不足之处一定很多，祈望工商界、文史界前辈、老字号行家及广大读者多多予以指正。

宋宪章

2007年9月于凯旋苑

杭州老字号系列丛书

○杭州老字号系列丛书○

编 后 记

　　《杭州老字号系列丛书》在市政府以及社会各界人士的关心和支持下，历时两年余，终于编辑完成。

　　在这两年多时间里，《杭州老字号丛书编委会》编辑部人员也随着杭州老字号事业的振兴而共同成长，也深深地感受到了杭州老字号自强不息、奋力拼搏的激情和精神。现在的杭州老字号，它们都经历过历史岁月的洗礼，特别是在全球经济一体化的今天，杭州一些老字号取得了巨大的成功，它们雄风依旧，蜚声四海，还有很多老字号在新的经济形势下，调整整合，取得了良好的经营业绩和奋发向上的态势，我们看到了杭州老字号在改革开放中发生的历史性变化。

　　这套丛书的编辑出版，它的历史意义是在于对杭州老字号的历史脉络进行较为系统的梳理，得以对以往岁月中发生的人和事，有一个具体形象的描述；发掘鲜为人知的故事和珍贵的历史老照片，使读者有个全面的了解。它的现实意义就是

对弘扬民族品牌，促进经济发展和保护百年金字招牌，传承和保护非物质文化遗产，等等，会起着积极的作用，并且用图文并茂的形式留住杭州老字号物质和精神的财富以及它们的非物质文化遗产。

《杭州老字号系列丛书》共分六个篇章，对杭州老字号作了详细、客观的系统介绍。

在编写这套丛书的两年多时间里，我们看到杭州市人民政府为杭州老字号的振兴和发展提供了一个很好的环境，杭州老字号也在这个环境中茁壮成长，这也是杭州市委、杭州市政府打造"历史文化名城"战略的其中之部分，杭州市政府出台了一系列振兴老字号的政策和举措，在全国率先推出《杭州市中山中路历史街区的保护规划》，为全面恢复保护杭州老字号和传统行业进行了法律形式的保护，各项振兴老字号的政策正在执行之中，并正在建立国家级的刀剪、扇业、伞业博物馆，2007年又在全国省会城市中第一个成立了"杭州市振兴老字号工作协调小组"，对杭州老字号事业的振兴和发展有了统一的认识和具体的领导，这也使杭州老字号坐上了开往春天的地铁。杭州老字号在国家商务部认定的首批"中华老字号"称号单位中的数量也是全国名列前茅。

杭州老字号企业协会为杭州市老字号的振兴和发展付出的巨大心血和努力。

杭州老字号系列丛书

杭州老字号企业协会是全国最早成立的老字号协会，协会成立以来以高度的历史使命感，不断地推动老字号事业的振兴，使杭州老字号工作走在全国的前列，被国家商务部评为全国中华老字号工作先进单位，一年一度的"中国中华老字号精品博览会"，为全国老字号搭建了展示百年风采的大舞台，年年有特色，届届有精彩，成为全国老字号的盛会。在2007年又帮助杭州中华老字号以崭新的姿态，参加日本东京"浙江省中华老字号日本展"，首开老字号走出国门之先河，面向国际展示了中国百年品牌的魅力；抢救杭州老字号的非物质文化遗产，宣传保护振兴老字号事业，为做大做强杭州老字号事业付出了艰辛的努力，也获得了卓越的成效。

改革开放30年以来，中国发生了历史性的巨变，杭州老字号的发展迎来了春天，杭州老字号也更积极地融入到了中华民族伟大复兴的滔滔洪流之中。

在本套丛书出版之际，我们衷心感谢中共浙江省委常委、中共杭州市委书记王国平同志在百忙之中为《杭州老字号系列丛书》作序，并深深地表达了他眷爱杭州、建设杭州之心；感谢世界著名历史地理学家陈桥驿教授为此书写的智慧之语，也感谢胡庆余堂、民生药业、方回春堂等中华老字号的帮助和支持；感谢为

CHINA TIME-HORORED BRAND

此套丛书提供大量宝贵的历史史料和鲜为人知的历史照片、图片的老字号单位和个人；感谢作者赵大川、仲向平和宋宪章先生为了编写此书的不辞辛苦和无私奉献；感谢各学科的专家学者对丛书出版提供的知识支持；感谢浙江大学出版社的支持。

在《杭州老字号系列丛书》的编辑过程中，也得到了像葛许国这样很多的热心朋友的关心，杭州老字号企业协会和杭州市贸易局从选题策划到编辑出版付出了巨大的心血。

杭州老字号作为杭州工商业的精华和代表，作为浙商的组成部分，作为杭州的城市名片，其悠久的历史，深厚的文化底蕴和诚信立业的经营理念，远不是这套丛书能够全面涵盖和叙述的，其中难免有不足之处，敬请读者赐教。

杭州老字号丛书编辑委员会

2008年3月16日

专 家 感 言

在中国，一向"重农轻商"，视商为贱。改革开放以来，在市场经济中，由于道德规范的错位与失落，商业行为的混乱和欺诈，对从商经商，创新产品，开拓市场，利国利己的商海拼搏，还仍然在理念上降格、在品位上看低。为了在今天的社会转型期，尽早改变这种落后的、不合时宜的观念，浙江省老字号企业协会和杭州市老字号企业协会，在省、市经委和杭州市贸易局的领导与策划下，在会长冯根生、秘书长丁惠敏等的积极倡导与艰苦努力下，为继承与弘扬老字号企业的优良传统做了很多工作，特别在组建机构、发展事业、调研立法、举办论坛、精品展览、出版书刊和保护品牌等方面，取得重大的进展和突破。

以前，关于"老字号"的一些书，往往忽视和看轻人物的作用和成就，对于他们的贡献和影响，总是略而不提，或者语焉不详。由于我国的传统向来不注重事物的起源和来历，对它的创始者特别是那些名不见经传的无名氏和小人物，不是忽略不计，便是有意无意地归功于荒古不可知之人，或说"上苍的旨意"，或说"神人、仙人的赐予"，或说"某种意外的巧合或突然的灵感"，等等。许多名、优、特产品，几乎都没有真正的创始者和发明人，人们要向他们学习和效法什么，也都不十分清楚。所以许多前辈先人的宝贵经验和知识积累，便在无形中被湮没和失传了，这是十分可惜的。

编印这套丛书的宗旨，是要抢救这一笔巨大的物质和精神的财富和遗产，让

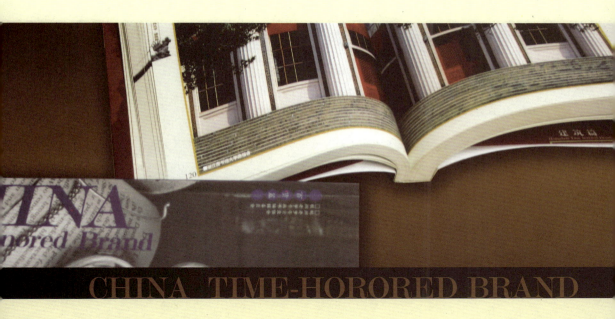

它们永远在我们这一代人手中"定格"，让我们的后代子孙，一走进我们的"老字号"，便能懂得我们的先辈创业的维艰，守业的不易和拓展的困难，从而学到他们的精神品德，发扬而光大之。

这套丛书的主要特点是："树人存史保传统，自主创新谋发展"。下面几点应引起我们的高度重视：

一是发掘和彰显创业者和掌门人的"以商兴民"、"以商兴国"的理想。商战是人生的大舞台之一，它最为惊心动魄，也最是波澜壮阔。在商战中也最能表现一个商人的思想、性格、谋略和才干，所以这套老字号丛书与众不同的最突出的特点，就是要表现商人的心灵世界和道德风尚。有不少资料表明，中华老字号之所以百年兴旺，长盛不衰，就因为创始者和掌门人善于驾驭风云变幻的商海竞争。这种竞争不仅出现在商家与商家、商家与家族内部，而且还出现在商家与达官贵人、商家与朝廷官府等极不相称的势力之中，甚至要与土匪、盗贼、兵痞、强人等这些不讲商家规则的势力反复斗争，与那些胆小怕事、见利忘义的胆小股东反复周旋，此外也要与商场中那些司空见惯的恶习譬如欺诈、蒙骗、以邻为壑、互设陷阱、大鱼

吕洪年　教授

1937年2月出生，浙江省新昌县人。现为浙江大学人文学院教授、浙江大学浙江省非物质文化遗产研究基地学术委员会副主任。并应聘任《中华老字号》杂志社学术指导委员、杭州市和浙江省非物质文化遗产保护工作专家库专家。先后出版论著5种、作品集6种。代表作有《江南口碑——从民间文学到民俗文化》、《万物之灵——中国崇拜文化考源》等。有评论称："文献、考古、口碑互参互证，把口碑引入与考古、文献并列研究的范围，迈出了一条学术新路"。

杭州老字号系列丛书

吃小鱼等等展开既聪敏机智而又有弹性的斗争。一个商人如果不抱有爱国救民的理想，决不可能九死一生地坚持到底，一转念便可放弃这种担惊受怕的日子而"解甲归田"过起"采菊东篱下，悠然见南山"的怡然自得的田园生活来。所以一般老字号的领头人物，不是奇才便是精英。他们有的既是老板，又是慈善家。我们在编纂过程中，以人为本、发掘不同个性、不同经历、不同身世、不同成就的企业家，从而组成了一个前所未有的"人物长廊"，以激励千千万万的后继者。

二是发掘与弘扬儒商的"仁义"品格和"共赢共利"的观念。中国的商人一般有点文化，不但能识字断文，有的还能赋诗作对，他们受儒家传统道德的教化和熏染，即使在激烈的商战中，也还遵循"过犹不及"和"穷寇勿追"的人生智慧、处世谋略和以"仁义"为代表的浓厚的传统道德意识。例如有的老板，在发迹之后，并不"一阔脸就变"，他们奉行"糟糠之妻不下堂"，对结发妻子的爱情始终不渝。有的老板始终充满仁爱情怀，奉行"滴水之恩涌泉相报"的信条，对自己手下的雇员和工人实行"以人为本"的管理思想；有的老板在竞争中想方设法一定要战胜对方，然后却不把对方逼上死路；有的老板奉行"不打不相识"的江湖义气，即使是自己的对手也能最终宽容大度而成为朋友和合伙人。总之，我们在发掘史料、把握人物特点时，深入他们的心灵，对他们所作所为的思想文化背景，入木三分地加以领会和把握，在文字和图片两方面相配合加以简洁而形象地表现。

三是发掘、弘扬与推广"以德经商"、"团结经商"的理念和作风。以德经商所包含的内容很丰富，但其中的核心思想仍然是中国传统的"勤劳致富，正道赚钱"。无论过去和今天，有多少人由于生活在穷乡僻壤，一时难以改变贫穷落后的面貌，便只好背井离乡，外出打工和经商，走南闯北，凭着自己的聪明才智和勤劳节俭，养家糊口，并日积月累，才慢慢地发家致富。所以过去的很多商人，并非在

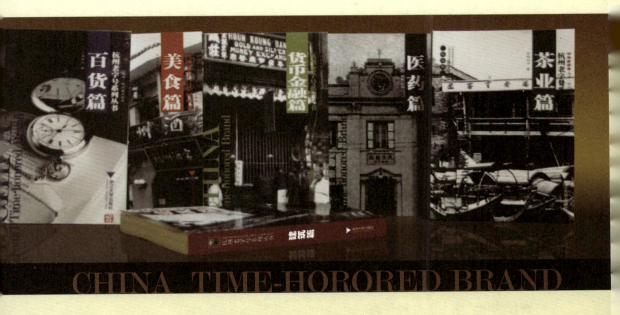

CHINA TIME-HORORED BRAND

左倾时代所称一概都是"奸商"，相反，他们中不乏诚实忠厚者，受过"仁义礼智信"的熏陶而具有一定的儒者气质。以德经商，还有一项重要的内容就是团结经商，特别注重同乡、同行、同业的团结互助，而不互相倾轧，力做"霸盘"。俗云："一株独放不是春，万紫千红春满园"。个人的发展往往是与群体的发展密切相关的，中国商人注重危难时的互相扶持，更注重孤立与铲除害群之马。此外，以德经商还有一项重要内容就是"诚信经商"。过去在旧社会有句老话，就是"在家靠父母，出门靠朋友"，抱着"诚信为人，正道成事"的信念，才能在闯荡江湖时不受或少受挫折。所以成功的老板，往往都有健全的人格，不论遇到何种情况，即使身陷绝境，也都不会做出有损人格的行为。有许多资料表明，不论京商、晋商、闽商、徽商和杭帮、宁波帮，都有大仁、大义的典范人物，他们有的外形狂放而心地宽阔，而有的更重主仆之义和朋友之道，有过不少以"义"相待和以"诚"相待的动人故事。这些，都是我们这套丛书所重点展示而富有传统商业文化特色的内容。

　　我相信这套老字号系列丛书，一定会在继承与弘扬中华老字号优良传统、发展与创新新时期商业文化的过程中，起到积极的作用。

2008年1月　于浙江大学人文学院

291

图书在版编目（CIP）数据

杭州老字号系列丛书. 美食篇 / 宋宪章著. －杭州：浙江大学出版社，2008.3
ISBN 978-7-308-05816-2

I. 杭… II. 宋… III. ①工商企业－简介－杭州市②餐厅－简介－杭州市　IV.
F279.275.51　F719.3

中国版本图书馆CIP数据核字（2008）第021607号

责任编辑　李　晶　钟仲南
封面设计　路　峰
美术编辑　清　风　张中强
图片编辑　张中强　戴伟领

杭州老字号系列丛书·美食篇

宋宪章　著

出版发行　浙江大学出版社
　　　　　（杭州天目山路148号　　邮政编码　310028）
　　　　　（E-mail：zupress@mail.hz.zj.cn）
　　　　　（网址：http://www.zjupress.com
　　　　　　　　　http://www.press.zju.edu.cn）
印　　刷　杭州杭新印务有限公司
版　　次　2008年5月第1版
印　　次　2008年5月第1次印刷
开　　本　787mm×1092mm　1/16
印　　张　19.5
字　　数　390千
书　　号　ISBN 978-7-308-05816-2
定　　价　88.00元

1